디트리히 본회퍼와 함께하는
40일 묵상집

Sandro Göpfert

40 Tage mit Dietrich Bonhoeffer. Ein Andachtsbuch

디트리히 본회퍼와 함께하는
40일 묵상집

산드로 괴페르트 지음

정현숙 옮김

도서출판 쿰

목차

서문

　디트리히 본회퍼에 대한 애정은 시간이 흘러도 식을 줄 모른다. 그는 여전히 수많은 설교에 인용되고 있으며, 심지어 미국 대통령이 독일 국회에서 본회퍼와 연관된 주제로 연설을 하기도 하였다. 이때 주로 다루어지는 내용은 정치적인 본회퍼임이 자명하다. 대부분의 사람들은 히틀러에 대한 저항 운동의 이유와 원천이 그의 영성에서 나왔다는 사실을 잘 모르고 있다.

　산드로 괴페르트 목사님은 신학생 시절 이미 본회퍼의 영성에 깊은 관심을 두고 연구하였다. 나는 묵상에 대한 깊은 이해를 보여 주었던, 그의 시험 답안지를 지금도 생생하게 기억한다. 지금 소개하고자 하는 괴페르트 목사님의 묵상집은 오랜 시간 본회퍼 저서를 연구하면서 무르익은 열매이다. 이 묵상집은 본회퍼의 저서 중에서도 특히 『창조와 타락』, 『나를 따르라』, 『성도의 공동생활』, 『성경의 기도서』를 토대로 만들어졌다. 지난 몇 년 동안 브룬넨 출판사는 위에 언급한 네 권의 저서 모두를 고급스러운 단행본으로 출간하였다.[1] 본회퍼는 그의 저서를 통해 독재자가 지배하는 암울한 상황 속에서 교회 내의 개별 그리스도인이 어떤 기독교적 믿음으로 살아가야 하는지에 대한 해답을 제시하고 있다.

괴페르트 목사님이 쓴 묵상집은 오늘날에도 변함없이 영감을 주는 디트리히 본회퍼의 영적인 통찰과 마주하도록 우리를 이끌어 준다. 글의 진가를 알기 위해서는 마치 좋은 포도주를 음미할 때와 같은 자세로 읽어야 한다. 저자는 '성도의 교제'로부터 시작하여 '이별'에 이르기까지 40개의 주제를 본회퍼의 저서에서 선별하였다. 본회퍼의 글에서 발췌한 본문마다 적합한 성경 구절을 찾아 놓았고, 이어서 본문 이해를 돕기 위한 명쾌한 주석을 달아 놓았다. 그 후에는 본회퍼의 글을 더 깊이 사고하도록 질문을 던지고 있으며, 끝으로 기도의 제목으로 인도해 준다. 40일 묵상집은 이런 형식으로 만들어졌다. 이 묵상집을 손에 든 사람은 본회퍼의 학교에 들어가서, 그와 함께 예수님을 따르는 삶을 배우게 될 것이다.

2017년 11월, 라이프치히에서
페터 침머링 Peter Zimmerling

들어가며

디트리히 본회퍼(1906-1945)는 개신교 목사인 동시에 독일 나치에 저항한 투사였습니다. 그는 우리 시대의 위대한 선지자 가운데 한 사람이었습니다. 그의 말과 글을 깊이 숙고해 보면, 오늘날 우리 개인의 삶에 길잡이가 되어 준다는 사실을 발견하게 됩니다. 또한 교회가 나아가야 할 길을 보여 주고 있음을 알게 됩니다.

그러나 본회퍼의 글은 쉽게 소화할 수 있는 부드러운 음식이 아님도 알게 될 것입니다. 한편으로는 그의 문체 자체가 대부분 쉽게 이해하기 어려운 경향이 있기 때문입니다. 그러므로 본문을 주의깊게 선별했음에도 불구하고, 무엇을 말하는지 제대로 이해하기 위해서는 아마도 몇 번 반복해서 읽어야 할 것입니다. 다른 한편으로는 그의 사상이 내용면에서 종종 걸림이 되고, 불편한 점이 있기 때문입니다. 그의 사상은 우리에게 영감을 줍니다. 그의 글 속으로 들어가면, 몇몇 좋은 문구를 발견하는 것으로 끝이 아님을 알 수 있습니다. 어쩌면 종종 우리는 이를 꽉 깨물어야 하는 내용도 발견하게 될 것입니다. 그러나 나의 경험에 비추어 볼 때, 본회퍼를 읽은 후 그 내용을 오랫동안 사색하는 것은 충분히 가치 있는 일입니다.

이 책은 본회퍼의 글을 적합한 성경 구절과 함께 묵상할 수 있기를 바라는 마음에서 썼습니다.

1. 본회퍼가 썼던 본문을 몇 번 반복하여 읽으십시오.
2. 짧은 성경 구절은 본회퍼가 말한 내용에 대해 더 깊이 사고하도록 도울 것입니다.

그 후에는 읽은 본문이 나 자신에게 직접 말할 수 있도록 조용한 시간을 가져 보십시오. 당신이 본회퍼의 본문을 더 이상 읽지 못하고 멈춘 곳은 어디입니까? 당신이 본문에서 배운 것은 무엇입니까? 무엇이 당신에게 걸림이 되었습니까? 당신이 도무지 이해하지 못하는 곳은 어디입니까? 하나님이 당신에게 인격적으로 말씀하신다는 인상을 받은 곳은 어디입니까? 어쩌면 당신은 그러한 생각들을 직접 글로 쓰고 싶을지도 모르겠습니다.

본문에 붙인 해석은 본회퍼가 살았던 시대를 이해하는 데 도움이 될 것입니다. 그리고 그 시대 삶과의 연관성 속에서 주어진 본문을 더욱 잘 이해하도록 도울 것입니다.

이어지는 질문들은 당신이 생각을 계속하도록 인도해 줄 것입니다.

그 후에는 매일 주어진 내용을 기도로 마치도록 고무할 것이며, 개인 기도 시간으로 초청할 것입니다.

당신이 디트리히 본회퍼의 삶과 저서에 대해 잘 모르고 있다면, 브룬넨 출판사의 홈페이지를 방문해 보십시오. 거기서 페터 침머링 교수님이 본회퍼를 소개한 두 개의 짧은 글을 찾아서 읽어볼 수 있습니다. 하나는 본회퍼의 삶의 이력을 담은 "디트리히 본회퍼-삶과 저서^{Dietrich Bonhoeffer-Leben und Werk}"입니다. 다른 하나는 본회퍼가 남긴 신학적이고 문학적인 저서에 대한 개론으로서 "자유에 이르는 길 위에서의 정거장들: 디트리히 본회퍼의 저서^{Stationen auf dem Weg zur Freiheit: Dietrich Bonhoeffers Werk}"라는 제목의 글입니다. 이 책의 간행 요목을 보면, 태블릿이나 스마트폰을 위한 링크 또는 QR 코드가 있습니다.

개인적인 신앙 생활이 극단화 양상을 보이는 시대입니다. 그러나 이러한 양상이 본회퍼가 종교적 개인주의의 친구가 아니라는 사실을 숨기지 못할 것입니다. 본회퍼는 언제나 교회 공동체의 믿음을 강조하였습니다. 바로 이 점이 초현대를 살아가는 오늘의 우리에게 중요하다고 생각합니다. 그리고 우리의 길을 안내해 주는 것으로 보입니다.

저는 본회퍼에 대한 관심을 일깨우기 위해 이 책을 썼습니다. 또 이 시대를 위한 길잡이가 되어 줄 그의 사상에 대한 흥미를 일깨우고 싶은 소망에서 이 책을 썼습니다. 브룬넨 출판사에서 새로 출간한 본회퍼의 저서 『창조와 타락』, 『나를 따르라』, 『성도의 공동생활』, 『성경의 기도서』는 이러한 목적 가까이로 여러분을 인도해 줄 것입니다. 저는 1933년에서 1940년 사이에 출간된 위의 네 작품에서 묵상집 본문의 대부분을 발췌하였습니다. 여기에 더하여 옥중서신으로 잘 알려져 있는 편지와 단상들을 모아 놓은 『저항과 복종』에서도 본문을 발췌하였습니다.

이 책이 나오기까지 여러 모양으로 도움을 주신 브룬넨 출판사의 동역자들, 특히 신학 관련 원고에 대한 심사를 담당하고 계신 우베 베르텔만Uwe Bertelmann님께 깊은 감사의 마음을 전합니다.

나와 신앙 여정을 함께하며 격려를 아끼지 않으신 뮬젠Mülsen과 부르크슈테트Burgstädt의 루터 교회 동역자들에게 깊은 감사의 마음으로 이 책을 헌정합니다.

젊은 시절의 디트리히 본회퍼

1일
그리스도인은 누구인가?
Christ sein

　그리스도인은 자신의 안녕과 구원, 의를 자기 자신에게서 찾지 않고, 오직 예수 그리스도에게서 찾는 사람입니다. 그는 자신의 죄를 전혀 느끼지 못할 때에도, 하나님의 말씀이 그를 예수 그리스도 안에서 죄 있다고 선언하고 있음을 알고 있습니다. 또한 자기 자신은 의를 전혀 느끼지 못하더라도 하나님의 말씀이 예수 그리스도 안에서 죄가 없고 의롭다고 선언하고 있음도 알고 있습니다. 그리스도인은 더는 자기 자신을 근거로 살지 않으며, 스스로 자신을 정죄하지도 정당화하지도 않습니다. 그리스도인은 하나님의 심판과 하나님의 의를 기초로 사는 사람입니다. 그는 오로지 자신에게 주시는 하나님의 말씀에 의지하여 살아가는 사람입니다. 그는 자신을 죄 있다고 하시든 의롭다고 하시든, 오직 하나님의 판단에 믿음으로 복종하여 살아갑니다. (…) 그리스도인은 예수 그리스도 안에서 전적으로 하나님의 말씀 진리에 의해 살아가는 사람입니다. 누군가 그리스도인에게 "당신의 구원과 당신의 행복, 당신의 의가 어디 있습니까?"라고 묻는다면, 그는 결코 자기 자신을 가리킬 수 없습니다. 그는 오직 그에게 구원과 행복,

의를 약속하시는 예수 그리스도 안에 있는 하나님의 말씀을 가리킬 뿐입니다. 그는 할 수만 있다면, 오직 이 말씀만을 바라볼 것입니다. 그는 날마다 의에 주리고 목마르므로, 끊임없이 구원의 말씀을 갈망할 것입니다. 그 구원의 말씀은 오직 밖에서 올 수 있습니다. 자기 자신 안에서 그는 가련하며, 죽은 자입니다.

『성도의 공동생활』, DBW 5, 18 이하

_____

_____

_____

_____

"내가 그리스도와 함께 십자가에 못 박혔나니 그런즉 이제는 내가 사는 것이 아니요 오직 내 안에 그리스도께서 사시는 것이라 이제 내가 육체 가운데 사는 것은 나를 사랑하사 나를 위하여 자기 자신을 버리신 하나님의 아들을 믿는 믿음 안에서 사는 것이라."

(갈 2:20)

그리스도인은 누구입니까? 한 사람을 그리스도인 되게 하는 것은 무엇입니까? 세례입니까? 교회에 십일조를 내는 것입니까? 아니면 동역자로서 일정한 회비를 납부하는 것입니까? 도덕적으로 나무랄 데 없는 삶을 살고자 하는 시도입니까? 규칙적으로 주일예배에 참석하는 것입니까? 특정한 믿음의 확신에 대해 긍정하는 것입니까? 이러한 것들 모두 중요할 수 있습니다. 그러나 결정적인 것은 그리스도인은 "자기 자신이 아닌$^{außer\ sich}$", 예수님과의 친밀한 관계성 속에서 예수 그리스도에게 매인 삶을 산다는 것입니다. 이러한 면에서 본회퍼는 마틴 루터의 통찰에 의존하고 있습니다. 즉, 마틴 루터는 그리스도인이란 자신의 힘으로 더 나은 존재가 되려 하거나 스스로를 구원하려는 사람이 아니라, 모든 것을 하나님으로부터 바라는 사람이라고 말했습니다.

하나님의 살아 있는 말씀이신 예수 그리스도는 한 사람을 죄 있다 하시며 그의 죄를 깨닫게 하십니다. 그러나 그 사람이 자기 죄를 고백하고 용서를 구할 때, 그분은 죄 없다 하시며 의롭다고 말씀하십니다. 마틴 루터는 이러한 사실을 '율법'과 '복음'이라는 개념으로 이해했습니다. 그에 의하면, 하나님이 우리에게 원하시는 것은 다음과 같습니다. 하나님은 한편으로는 죄를 깨우치도록 요구하시며 우리와 만나십니다. 그리고 우리가 본래 하나님의 눈앞에 존재해야 마땅한 그 모습이 아니라는 사실을 보여 주십니다. 그러나 다른 한편으로는 우리가 하나님 없는 "가련하고 죽은arm und tot" 자임을 깨닫기만 하면, 하나님은 우리를 죄가 없고 의롭다고 선포하시며 위로해 주십니다. 본회퍼는 그의 저서『나를 따르라』에서 구체적인 계명에 관해 많이 언급하고 있습니다. 그 계명 속에서 하나님은 특수한 상황에 처한 인간에게 무언가를 요구하는 동시에 사랑으로 만나 주신다는 것입니다. 그리스도인은 항상 이렇게 고백하며 사는 사람입니다. 그것은 하나님이 하나님이시라는 고백입니다. 그것은 나 자신이 아니라, 하나님이 내 삶의 사고와 행동 방향을 정해 주시는 분이라는 고백입니다. 본회퍼에 의하면, 그리스도인은 자기실현이라는 강령으로 사는 사람이 아닙니다. 그리스도인은 말씀을 통해 "외부로부터extra nos" 그에게 말씀하시는 예수 그리스도에게 삶의 닻을 견고하게 내리고 사는 사람입니다.

• 질문

1. 오늘날에도 사람들은 여전히 '영혼과 육신의 안녕', '구원', '의'를 구하며 살고 있습니까?
2. 그리스도인들이 이 모든 것을 예수님에게서 찾는다는 말은 실제로 어떤 의미가 있습니까?
3. 예수님께서 나 자신이 깨닫고 있는 죄에 대해 용서를 베푸신 경험을 한 적이 있습니까?
4. 나는 즐거이 예수님과 관계를 맺으며 살아가고 있습니까?
5. 이러한 관계성이 나를 '종교적인 스트레스'로 옴짝달싹 못하게 합니까, 아니면 하나님의 공급하심을 믿고 살아가게 합니까?

• 감사와 기도

1. 나를 그리스도인 되게 하시는 예수 그리스도께 감사를 드립니다.
2. 나의 죄를 용서하시고, 영생의 선물을 주셔서 감사합니다.
3. 하나님을 신뢰하기 힘들어 하는 사람들을 위해 간구합니다.
4. 모든 것을 그리스도로부터 기대한다는 것이 나 자신에게 무엇을 의미하는지 보여 주시기를 간구합니다.

2일

창조
Schöpfung

하나님은 그분의 손으로 지으신 창조물을 보시며 기쁨을 느끼십니다. 창조 사역은 하나님께서 보시기에 좋았습니다. 이 말은 하나님께서 그분의 창조를 사랑하신다는 뜻입니다. 그분의 손으로 지으신 창조물을 보존하기를 원하신다는 뜻입니다. 창조와 보존은 하나님 사역의 두 가지 측면인 동시에, 하나님의 창조가 선하다는 사실을 의미합니다. 또 이것은 하나님이 그분의 창조 사역을 내팽개치거나, 멸절할 수 없으시다는 뜻이기도 합니다. 하나님은 그분의 창조 사역을 사랑하시며 보존하십니다. 하나님이 창조하신 모든 존재는 하나님의 시선 속에서 인식합니다. 하나님이 창조하신 모든 존재는 하나님의 시선 속에서 자신이 하나님의 기쁨이라는 사실을 깨닫습니다. 하나님의 시선은 세상이 허무^{Nichts} 속에 빠져들지 않고, 완전히 파멸되지 않도록 지켜 줍니다. 하나님의 시선은 세상을 선하게 창조된 세상으로 바라봅니다. 그 세상이 타락한 세상이라 할지라도 그렇습니다. 그 시선으로 하나님은 창조 세계를 품고 계십니다. 하나님이 창조 세계를 내팽개치지 않으시기에 우리가 사는 것입니다. 하나님의 창조가 선하다는 것은 현 세상이 우리가 생각할 수 있는 가장 좋은 세상이라는 뜻이 아닙니다. 하나님의 창조가 선하다는 것은 온전히 하나님 앞에서 산다는 뜻입니다. 하나님의 창조가 선하다는 것은 하나님으로 말미암아 하나님을 향하여 산다는 뜻입니다. 하나님의 창조가 선하다는 것은 하나님이 창조의 주인이라는 뜻입니다. (…) 이미 행해진 일, 상태, 의지의 육화^{Verleiblichung}, 세상이 선하며, 하나님의 나라가 이 땅에 존재하며, 하나님의 뜻이 이 땅에서 이루어지며 사건이 되는 것, 성경 전체가 이러한 내용을 다루고 있습니다. 세상이 하나님의 것이므로, 세상은 선합니다. 하나님은 선한 세상, 선한 창조를 원하십니다. 그분은 바로 세상의 창조주, 세상의 주님이십니다. 창조된 세계에서 육체가 없는 정신이나 신념 속으로 도망쳐 버리는 것은 허락되지 않습니다. 하나님은 그분의 창조를 바라보고 계시며, 사랑하기를 원하십니다. 하나님은 그분의 손으로 하신 일이 좋다고 말씀하시며, 보존하기를 원하십니다.

『창조와 타락』, DBW 3, 42 이하

"여호와여 주께서 하신 일이 어찌 그리 많은지요 주께서 지혜로 그들을 다 지으셨으니 주께서 지으신 것들이 땅에 가득하니이다. (…) 여호와의 영광이 영원히 계속할지며 여호와는 자신께서 행하시는 일들로 말미암아 즐거워하시리로다 그가 땅을 보신즉 땅이 진동하며 산들을 만지신즉 연기가 나는도다. 내가 평생토록 여호와께 노래하며 내가 살아 있는 동안 내 하나님을 찬양하리로다."

(시편 104:24, 31-33)

사물을 바라보는 우리의 시각이 호의적이냐 비판적이냐는 것은 매우 중요한 물음입니다. 이것은 세상을 바라보는 태도에 있어서도 마찬가지입니다. 우리가 세상을 하나님의 창조물로 바라본다면, 당연히 창조자의 시각에 흥미를 갖게 될 것입니다.

여기서 본회퍼는 하나님이 창조주이실 뿐 아니라, 창조 세계를 보존하는 분이심을 강조합니다. 하나님이 창조 세계를 보존하신다는 사실은 중요합니다. 왜냐하면 이로써 하나님은 세상을 포기하지 않으셨음이 분명해지기 때문입니다. 또한 하나님은 세상을 되어가는 대로 내버려 두지 않으신다는 사실이 분명해집니다. 더 나아가 하나님은 인간이 하는 일에 창조적인 능력을 부여해 주시고, 책임을 지우심으로 어느 정도 관여하고 계신다고 말할 수 있습니다. 본회퍼는 창조 세계를 바라보는 하나님의 시각이 긍정적이라는 사실을 강조합니다. 이것은 그리스 사상이 보여 주는 신 관념과 대조적입니다. 본회퍼는 창조물이 하나님 보시기에 좋았다는 점을 강조합니다. 창조 세계가 죄의 영향으로 말미암아 가련하기 짝이 없는 상태로 전락했음에도 불구하고 그렇습니다.

창조물은 우리에게 창조주의 선하심을 암시해 주고 있습니다. 그리고 이러한 창조에 대해 감사하는 것은 우리의 마땅한 자세입니다. 또한 감사는 창조물에 대해 공동 책임을 지도록 합니다. 하나님이 그분의 창조를 사랑하신다면, 그 창조에 대해 우리가 무관심할 수 없습니다. 그러면 우리는 창조를 존중하는 마음으로 함께 형성하며, '자연의 책' 안에서 하나님을 만날 것입니다. 하나님의 질서와 그분의 창조적인 말씀, 그분의 호의적인 시선은 창조된 세상이 혼돈 속에 빠져들어 가지 않도록 보호해 줍니다. 또한 그분이 사랑하는 세상이 완전히 혼돈과 공허(창 1:2) 속에 빠져드는 것을 막아 줍니다. 창조는 하나님이 세상을 창조하셨으며, 처음부터 그리고 지속적으로 하나님을 향해 연결되어 있음을 의미합니다. 하나님은 그분의 창조와 함께 우리에게 말씀하시며, 우리를 지켜보십니다. 하나님이 말씀하시며 지켜보신다는 것은 앎에 기초한 행동이며, 관계이자, 존중을 표명하는 것입니다. 창조된 세상에 대한 인간의 공동 책임은 물질적인 세계에서 순수한 영적 세계로 도피하는 것을 허용하지 않습니다. 본회퍼는 하나님에게나 인간에게나 결코 선한 의지만으로 충분하지 않으며, 구체적인 행동도 중요하다고 강조합니다. 본회퍼는 창조 세계 안에서 피조물에 대해 선한 의지를 실천해야 한다고 강조합니다. 하나님의 임재 속에서 우리는 위탁 받은 세상을 바라보며 경탄하고, 그것을 경작하며 지키도록 부르심을 받았습니다.

• 질문

1. 나는 어떤 시선으로 세상을 바라봅니까? 나는 세상을 어떻게 생각하고, 세상에 대해서 어떻게 말합니까? 나는 세상 자원을 어떤 자세로 대하고 있습니까? 세상은 내게 하나님의 선하신 창조입니까?
2. 나는 창조자와 보존자에게 그분의 창조 세계에 대해 감사할 수 있습니까?
3. 세상에서 파괴적인 영향력이 나타나는 곳은 어디입니까? 그러한 파괴적인 영향력에 맞서 내가 할 수 있는 일은 무엇입니까?

• 감사와 기도

1. 하나님이 창조 세계에 질서를 부여해 주신 것을 감사합니다.
2. 우리가 함께 살아가는 세상을 사랑의 시선으로 바라보기를 기도합니다. 또한 존중의 시선을 갖기를 기도합니다.
3. 창조 세계의 자원에 대해 책임감 있는 자세로 대할 수 있기를 기도합니다.
4. 하나님의 선하신 세상을 파괴하려고 시도하는 모든 일에 대해 하나님께서 친히 간섭해 주시기를 기도합니다.

3일
죄
Sünde

무슨 일이 일어난 것입니까? 우선 이렇게 말할 수 있습니다. 인간이 중심^{Mitte}에 발을 들여놓은 것입니다. 인간이 경계선을 넘어 버린 것입니다. 이제 인간은 중심에 서 있습니다. 이제 인간은 경계선이 없습니다. 인간이 중심에 있다는 말은 무엇을 의미합니까? 인간은 이제 중심으로 말미암지 않고, 자기 자신에 근거하여 살게 된 것을 의미합니다. 경계선이 없다는 말은 인간이 혼자라는 것을 의미합니다. (…) 이제 인간은 스스로 삶의 공급자가 되어 살아갑니다. 인간이 자기 삶의 공급자라는 말은, 그가 자신의 창조자가 되었다는 뜻입니다. 이로써 그의 피조성은 끝났고, 파괴되고 말았습니다. (…) 하나님의 창조에서 인간의 타락은 불가사의할 뿐만 아니라, 궁극적으로는 죄책을 면할 수 없습니다. 그러므로 여기서 '불순종^{Ungehorsam}'이라는 단어로는 그 실상을 충분히 논구하지 못합니다. 그것은 반역입니다. 그것은 피조성의 파괴입니다. 그것은 몰락이며, 피조성 안에서 보존되는 가치로부터의 추락입니다. 그것은 끝없이 지속되는 추락과 몰락이며, 딛고 설 땅 없이 떨어지는 추락입니다. 그것은 중심에서 점점 더 멀리, 점점 더 깊이 멀어져

가는 추락입니다. 그것은 단순히 도덕적인 과실이 아니며, 피조물을 통한 창조의 파괴입니다. 다시 말해, 이러한 타락의 범위는 전체 창조 세계를 휩쓸어 버립니다. 인간은 피조성을 빼앗긴 채, 핵심에서 떨어져 나온 유성처럼 끝없는 공간 속으로 눈먼 상태로 추락하고 있습니다.

『창조와 타락』, DBW 3, 107. 112

_____

_____

_____

_____

"여자가 뱀에게 말하되 동산 나무의 열매를 우리가 먹을 수 있으나 동산 중앙에 있는 나무의 열매는 하나님의 말씀에 너희는 먹지도 말고 만지지도 말라 너희가 죽을까 하노라 하셨느니라 뱀이 여자에게 이르되 너희가 결코 죽지 아니하리라 너희가 그것을 먹는 날에는 너희 눈이 밝아져 하나님과 같이 되어 선악을 알 줄 하나님이 아심이니라 여자가 그 나무를 본즉 먹음직도 하고 보암직도 하고 지혜롭게 할 만큼 탐스럽기도 한 나무인지라 여자가 그 열매를 따먹고 자기와 함께 있는 남편에게도 주매 그도 먹은지라 (⋯) 아담과 그의 아내가 여호와 하나님의 낯을 피하여 동산 나무 사이에 숨은지라."

(창 3:2-6, 8b)

'죄'는 유대인과 그리스도인의 언어 사용에서 가장 잘 알려져 있는 개념입니다. 동시에 죄는 사람의 마음을 무겁게 짓누르고, 가장 많은 오해를 받고 있는 개념이기도 합니다. 종종 '죄'라는 꼬리표와 함께 윤리적인 탈선 또는 비신사적인 행동을 생각합니다. 사소한 죄로부터 시작하여 교통규범을 어긴 죄, 탈세한 죄, 금지된 쾌락에 빠진 죄 등 항간에서 사용되는 죄라는 개념의 언어 사용 범주는 그야말로 모든 것을 포괄합니다. 이 경우 보통 하나님과는 아무 관계가 없는 개념이 됩니다. 본회퍼는 그의 저서 『창조와 타락』에서 죄가 도대체 무엇인지를 논증하고 있습니다. 여기서 본회퍼는 죄의 핵심이 무엇인지를 놀라운 방식으로 설명하고 있습니다. 원시 시대 낙

원에 대해 이야기하면서, 아담과 하와의 문제에 대해 정곡을 찌르고 있습니다. 그것은 바로 하나님의 지시를 거슬러, 중심에 발을 들여놓은 것입니다. 그들에게 주어진 경계선을 넘어버린 것입니다. 그들은 하나님의 선하심에 대한 불신에 감염되어, 피조물로서 자기 스스로 창조주와의 최종적인 관계를 끊어 버렸습니다. 이로써 본회퍼는 성경에서 말하는 죄가 단지 의무에 손상을 가한 것이 아니라는 사실을 보여 줍니다. 죄란 도덕적인 실패가 아님을 보여 줍니다. 죄는 관계성이 깨어져 버린 것을 말합니다. 죄는 목적에서 빗나간 것이며, 삶의 가능성이 파괴되어 버린 것을 말합니다. 인간이 자기 자신을 중심에 두고 모든 것의 척도가 되어 버린 것입니다. 그러면, 그는 하나님의 자리에 등극하게 됩니다. 이로써 인간은 한계도 없고, 끝도 없이, 외로워집니다. 본회퍼는 말하기를, 그 결과 심지어 자신의 피조성이 파괴되어 버린다고 일침을 가합니다. 이것은 불가사의하며, 그만큼 결정적이기도 합니다. 피조성의 파괴는 처음 타락 이후, 창조 세계 전반에 걸쳐 영향을 미치고 있습니다. 창조된 세계는 끊임없이 추락하며, 발 디딜 땅도 없이 눈먼 상태로 몰락해 가고 있습니다.

• 질문

1. 나는 죄가 무엇이라고 생각하고 있습니까? 내가 매일의 삶에서 죄라는 말과 마주치는 곳은 어디입니까?
2. 인간이 하나님의 자리에 앉아 있다는 것은 어떤 모습으로 나타납니까? 인간이 모든 것의 척도가 되는 것은 왜 위험합니까?
3. 하나님이 잃어버린 피조물을 위해 그분의 아들을 보내셨다는 것은 세상에 어떤 의미가 있습니까? 또 나 개인에게는 어떤 의미가 있습니까?

• 기도와 감사

1. 피조물인 우리가 처음부터 창조주와의 관계 속에서 창조된 것을 감사합니다. 그리고 창조주와의 관계 속에서 모든 척도와 중심, 경계선을 발견할 수 있음을 감사합니다.
2. 하나님이 죄 없으신 예수 그리스도, 하나님인 동시에 인간이신 Gott-Menschen 예수 그리스도의 희생을 통해 죄의 간극과 죄의 권세를 극복하고 이기신 것을 감사합니다.
3. 제가 하나님의 목적에서 벗어나 있는 곳은 어딘지, 자기 발견을 할 수 있도록 도우시길 기도합니다.
4. 많은 사람들이 하나님의 선하심을 불신하는 죄에서 고침 받기를 기도합니다.

4일

제자의 삶
Nachfolge

제자의 삶은 그리스도에게 매인 삶입니다. 그리스도가 계시
므로, 그리스도를 따라가는 삶입니다. 그리스도에 관한 이념
이나 교리 체계, 은혜나 죄의 용서에 관한 보편적인 종교 인식
은 그리스도를 따르는 삶에 반드시 필요한 것은 아닙니다. 도
리어 이런 것들은 그리스도를 따르는 삶에 대해 적대적이기
도 합니다. 사람들은 이념과의 관계에서 인식하며, 때로는 열
광하고, 어쩌면 그것을 실현할 수도 있습니다. 그러나 그 이념
을 인격적으로 순종하며 따르지는 않습니다. 살아 계신 예수
그리스도가 없는 기독교는 필연적으로 그리스도를 따르는 삶
이 없는 기독교로 머물 수밖에 없습니다. 그리스도를 본받아
살지 않는 기독교는, 항상 예수 그리스도가 없는 기독교일 뿐
입니다. 그것은 이념이며, 신화입니다. 단지 아버지 하나님만
있고, 그리스도가 살아 계신 아들로서 존재하지 않는 기독교
는 곧바로 그리스도를 본받는 삶을 없애 버립니다. 여기서는
하나님을 믿는 신앙은 있지만, 그리스도를 본받는 삶이 없습
니다. 오직 하나님의 아들이 인간이 되셨기 때문에, 그분이 '중
보자Mittler'이시기 때문에, 그리스도를 따르는 삶이 그분에 대한

올바른 태도입니다. 그리스도를 본받는 삶은 중보자에게 매여 있는 삶입니다. 그리스도를 본받는 삶이 올바로 말해져야만, 중보자이신 예수 그리스도, 하나님의 아들에 관해 말할 수 있습니다. 오직 중보자, 즉 하나님이시며 인간이신 예수 그리스도만이 제자의 삶으로 부르실 수 있습니다.

『나를 따르라』, DBW 4, 47

"갈릴리 해변에 다니시다가 두 형제 곧 베드로라 하는 시몬과 그의 형제 안드레가 바다에 그물 던지는 것을 보시니 그들은 어부라 말씀하시되 나를 따라오라 내가 너희를 사람을 낚는 어부가 되게 하리라 하시니 그들이 곧 그물을 버려 두고 예수를 따르니라."

(마 4:18-20)

"예수께서 또 말씀하여 이르시되 나는 세상의 빛이니 나를 따르는 자는 어둠에 다니지 아니하고 생명의 빛을 얻으리라."

(요 8:12)

본회퍼는 1931/32년부터 이미 '제자도 Nachfolge'라는 주제를 마음에 품고 있었습니다. 그리고 1935년부터 칭스트 Zingst와 핑켄발데 Finkenwalde에서 고백교회 설교자 학교 학장으로 재직하면서 강의를 통해 그 깊이를 더해 갔고, 마침내 1937년 말에는 책으로 출간하였습니다. 본회퍼는 책의 중심부에 예수님의 산상수훈에 대한 해석을 담았습니다(마 5-7장).

저서 전체를 관통하는 주제는 믿음과 순종의 관계, 칭의와 성화, 듣는 것과 행함, 각 개인의 헌신과 사회적 책임의 관계입니다. 책은 빠른 속도로 보급되었고, 오늘날에 이르기까지 기독교회에 엄청난 영향력을 행사하고 있습니다. 칼 바르트 Karl Barth는 책이 나온 지 20년이 지난 후, 그의 『교회 교의학』

Kirchliche Dogmatik을 쓰면서 본회퍼의 제자도를 매우 긍정적으로 평가하였습니다. 본회퍼는 제자도가 이데올로기가 아니며, 확고하게 정해진 강령이 아님을 분명히 하였습니다. 제자도의 핵심은 예수 그리스도와의 살아 있는 관계성이며, 예수 그리스도께서 우리를 부르셨기에 그분을 따라가는 것입니다. 믿음이란 특정한 사실을 진실로 받아들이는 것 이상을 의미합니다. 믿음이란 특정 인물에 대한 신뢰의 관계성이며, 그 인물과 연결되는 것입니다. 믿음은 신자로 하여금 하나님께나 타인에게 나아가게 하고, 그에게 임한 예수님의 부르심에 순종하며 책임 지는 삶을 살도록 합니다.

본회퍼는 마틴 니묄러Martin Niemöller2 목사님에게 그의 책을 헌정하였습니다. 마틴 니묄러 목사님의 삶의 모토는 "예수님은 그것에 대해 무엇이라 말씀하실까?"였습니다. 우리가 구체적 상황에서 이런 질문을 하게 된다면, 그리고 이 질문이 삶 전체와 연결된다면, 우리는 매일의 삶에서 예수님을 따르는 삶을 살게 될 것입니다.

• 질문

1. 나는 믿음을 교리에서 말하는 체계나 이념, 강령이 아닌, 예수 그리스도에 대한 살아 있는 관계, 실제 삶으로 나타나는 신뢰의 관계로 이해하고 있습니까?
2. 어떻게 하면 우리 교회와 모임이 더욱 힘있게 '예수님을 따르는 제자 공동체'가 될 수 있을까요?
3. 예수님은 어떤 면에서 내가 그분과 함께 발걸음을 내딛도록 도전하고 있습니까?

• 감사와 기도

1. 중보자로서 우리를 하나님과 연결해 주시며, 우리보다 앞서 가시는 예수님께 감사를 드립니다.
2. 믿음이 정지해 있는 것이 아니라, 매우 역동적이라는 사실로 인해 감사합니다.
3. 하나님의 아들 예수님이 하나님의 자녀된 우리를 어디로 부르시는지 깨닫기를 기도합니다.
4. "내가 주님을 위해, 주님과 함께 무엇을 하기를 원하십니까?"라고 예수님께 정직하게 물을 수 있는 용기를 주시기를 기도합니다. 또 신뢰하며 물을 수 있기를 기도합니다. 제가 예수님의 음성을 주의 깊게 들을 수 있도록 기도합니다.
5. 구체적인 상황에서 예수님이 나로 하여금 움직이게 하시고, 인도해 주시기를 기도합니다.

5일

성령
Heiliger Geist

우리가 세례를 통해 받는 선물은 성령입니다. 성령은 다름 아닌 믿는 사람들의 마음속에 거주하시는 그리스도 자신이십니다. 세례를 받은 사람은 성령께서 거하시는 집이 됩니다. 성령은 예수 그리스도가 우리 안에 영속적으로 현존하시는 보증이 됩니다. 또한 예수 그리스도와 친교를 누리도록 합니다. 성령은 우리 자신의 본성을 깨닫게 하고, 성령의 뜻이 무엇인지 올바로 이해할 수 있는 지식을 갖게 합니다. 성령은 그리스도께서 우리에게 말씀하신 모든 것을 가르치고 생각나게 하십니다. 성령께서는 우리를 모든 진리 가운데로 인도하시며, 그리스도를 아는 지식이 부족하지 않도록 합니다. 성령께서는 하나님이 우리에게 주신 것이 무엇인지 알 수 있게 합니다. 성령은 우리 속에 불안이 아닌, 확신을 주십니다. 우리 마음을 밝고 맑게 만들어 주십니다. 그러므로 우리는 성령 안에서 살아갈 수 있고, 확고한 걸음을 걸을 수 있습니다. 예수님의 제자들은 이 땅에서 예수님과 교제하며 확신을 가질 수 있었습니다. 예수님은 그때 그 확신을 이 땅을 떠나신 후에도 거두어 가지 않으셨습니다. 예수님은 세례받은 사람들의 마음에 성령을 보내셔서,

그들이 예수님을 알고 있다는 사실을 확신하게 하십니다. 또한 예수님과 친밀한 사귐을 통해, 그 확신이 더욱 강해지고 굳건해지게 하십니다.

『나를 따르라』, DBW 4, 223 이하

_____

_____

_____

_____

"내가 아버지께 구하겠으니 그가 또 다른 보혜사를 너희에게 주사 영원토록 너희와 함께 있게 하리니 그는 진리의 영이라 세상은 능히 그를 받지 못하나니 이는 그를 보지도 못하고 알지도 못함이라 그러나 너희는 그를 아나니 그는 너희와 함께 거하심이요 또 너희 속에 계시겠음이라 (...) 보혜사 곧 아버지께서 내 이름으로 보내실 성령 그가 너희에게 모든 것을 가르치고 내가 너희에게 말한 모든 것을 생각나게 하리라."

(요 14: 16-17, 26)

본회퍼의 저서 『나를 따르라』에는 세례를 다루는 장이 나옵니다. 그곳에는 성령에 관한 작은 신학이 들어 있습니다. 이 작은 공간에서 본회퍼는 상응하는 수많은 성경 구절을 참조하여 성령이 누구신지, 또 성령이 어떤 일을 하시는지 묘사하고 있습니다. 그는 세례 사건을 조망하면서 그리스도인이란 정적이 아니라, 철저히 역동적이라는 사실을 설명하고 있습니다. 믿는 사람은 예수 그리스도의 현존 안에서, 예수 그리스도의 현존으로 말미암아 살아갑니다.

세례와 함께 예수 그리스도와 연결된 삶이 선사됩니다. 성령은 그 삶이 신자의 삶에 전개되도록 도와줍니다. 그리스도는 성령을 통하여 우리 안에 내주하시며, 그것은 마치 사람이 집에 살고 있는 것과 같습니다. 성령은 예수님과 사귀게 하고, 예수님을 알게 하십니다. 성령은 예수님의 말씀을 가르치시고, 그 말씀이 기억나게 하십니다. 성령은 진리를 보여 주시고, 구체적인 상황 속에서 구체적으로 인도하십니다. 무엇보다도 성령은 예수님을 따르는 제자의 삶에 확신과 명확성을 창조한다는 사실이 주목할 만합니다. 그것 또한 역동적이라고 말할 수 있습니다. 즉, 제자의 삶이란 예수님이 오늘 나에게 말씀하시는 것을 깨달아 어디로 인도하시든 그분을 따라가는 것을 의미합니다. 그렇다면, 그 삶은 꿈에도 생각지 못한 새롭고 창조적인 길임에 틀림없습니다. 그와 동시에, 어떠한 경우에도 불확실한 길일 수 없습니다. 하나님 말씀의 영향력 아래 하나님의 영이 특정한 삶의 상황 속에 역사한다면, 그 사람의 마음에는 밝고 고요함이 생겨날 것입니다. 그것은 종종 아주 놀라운 체험이 될 것입니다. 동시에 종교개혁자들은 확신*certitudo*과 안전*securitas*을 지혜롭게 구별하였습니다. 성령의 인도하심을 받으며 믿음으로 사는 삶은 안전을 보장해 주지 않습니다. 이 말은 내가 나 자신에게 이끌려서 또는 외적인 환경에 이끌려서 살 수 있는 안전을 보장해 주지 않는다는 말입니다. 성령 아래 사는 믿음의 삶은 너무 자주 일상의 어려움을 통해 괴로움을 당하는 삶입니다. 그러나 예수 그리스도와 연결되어 있고, 그분의 임재 가운데 전적으로 맡기며 신뢰할 수 있습니다. 이것은 2000년 전 예수님의 제자들이 가시적으로 예수님과 교제하며 임재를 누렸던 것과 조금도 다르지 않습니다. 그들도 위기를 겪었으며, 그들도 이해하지 못하는 것이 많았습니다. 자주 의심하였고, 실패하였습니다. 그들을 목적으로 인도한 것은 그들에게 위대한 믿음이 있어서가 아니었습니다. 크신 하나님께서 성령을 통해서 그들의 작은 믿음을

거듭 강하게 하셨기에, 그들은 마침내 목적지에 도달한 것입
니다.

• 질문

1. 그리스도인이 된 나에게는 '함께 살고 있는 분Mitbewohner'이 계시다는 사실을 알고 있습니까?
2. 삶 속에서 나는 성령의 인도하심을 어떻게 경험하고 있습니까? 예전에 성령의 구원하는 역사, 그분의 임재를 느낀 적이 있다면, 그 경험은 어떠했습니까?
3. 하나님의 성령의 역사를 따르는 것은 내게 어떤 도움을 줍니까? 무엇이 나를 엉뚱한 곳으로 인도하며, 무엇이 나를 방해합니까? 교회 공동체로서 우리는 어떻게 성령의 음성을 들을 수 있습니까?

• 감사와 기도

1. 하나님의 영이 내 속에 거주하길 원하시고, 또 거주하심을 감사합니다.
2. 내 삶 가운데서 성령의 인도하심과 위로, 깨달음과 가르침을 위해 간구합니다.
3. 성령께서 말씀하는 것을 들을 수 있는 열린 마음과 듣고자 하는 자세를 위해 기도합니다.
4. 힘든 결정의 상황 속에서 명확성과 확신을 주시기를 기도합니다. 타인을 위해, 나 자신을 위해, 그리고 우리 가족과 교회를 위해 기도합니다.

6일
하나님의 말씀
Gottes Wort

교회 공동체를 영접하시기 위해, 하나님의 말씀은 친히 교회를 찾아오십니다. 하나님의 말씀은 본질상 공동체 안에 있습니다. 하나님의 말씀 자체가 교회 공동체를 향해 움직입니다. 한쪽에는 말씀 곧 진리가 있고, 다른 쪽에는 교회 공동체가 있는 것이 아닙니다. 설교자가 말씀을 취하고 경영하며 움직여서 교회 공동체로 들여와야 하는 것이 아닙니다. 설교자가 말씀을 교회에 적용해야 하는 것이 아닙니다. 말씀은 그 길을 전적으로 홀로 걸어갑니다. 설교자는 말씀이 독자적으로 움직이도록 섬기는 일 외에는 아무것도 할 수 없습니다. 설교자는 결단코 말씀 고유의 움직임을 가로막아서는 안 됩니다. 말씀은 사람을 영접하기 위해 길을 나섭니다. 사도들은 이 사실을 알았고, 이것이 그들의 설교를 결정했습니다. 그들은 실제로 하나님의 말씀을 보았습니다. 그들은 어떻게 말씀이 오셨는지, 말씀이 어떻게 육신을 입으셨는지 보았습니다. 그들은 말씀이 육신이 되어 온 인류를 영접하는 것을 보았습니다. (…) 이 말씀 안에서 성령이 친히 찾아오십니다. 그리고 그리스도 안에서 이미 오래 전에 선사된 것이 무엇인지, 개인과 교

41

회 공동체에게 보여 주십니다. 성령은 말씀을 듣는 사람들이 믿음을 갖도록 역사하십니다. 그 믿음은 예수 그리스도가 설교 말씀 안에서 그분의 몸의 능력으로 친히 우리 가운데 들어오신다는 사실입니다. 그 믿음은 예수님이 나를 이미 영접하셨고, 오늘 다시 영접하기를 원하신다는 사실입니다. 성령은 이러한 사실을 말씀하기 위해 예수 그리스도께서 오신다는 것을 믿도록 역사하십니다.

『나를 따르라』, DBW 4, 243 이하

_____

_____

_____

_____

"태초에 말씀이 계시니라 이 말씀이 하나님과 함께 계셨으니 이 말씀은 곧 하나님이시니라 그가 태초에 하나님과 함께 계셨고 만물이 그로 말미암아 지은 바 되었으니 지은 것이 하나도 그가 없이는 된 것이 없느니라 (...) 말씀이 육신이 되어 우리 가운데 거하시매 우리가 그의 영광을 보니 아버지의 독생자의 영광이요 은혜와 진리가 충만하더라."

(요 1:1-3, 14)

무엇이 "하나님의 말씀"입니까? 성경입니까? 설교입니까? 마틴 루터나 칼 바르트가 그랬듯, 본회퍼는 하나님의 말씀을 더 깊은 차원에서 이해하고 있습니다. "하나님의 말씀"은 무엇보다도 먼저 예수 그리스도이십니다!

여기서 그는 요한복음에 근거하고 있습니다. 요한복음은 "하나님의 말씀"이 예수 그리스도 안에서 인간이 되었다고 증거합니다. 이러한 시각에서 보면, "하나님의 말씀"은 성경이라고 말하게 됩니다. 왜냐하면 성경은 예수 그리스도를 선포하고 있기 때문입니다. 그리고 설교 또한 하나님의 말씀입니다. 설교가 예수 그리스도를 선포하고 있다면 그렇습니다. 칼 바르트가 그랬듯, 우리는 "하나님 말씀의 세 가지 형상"에 관해 말할 수 있습니다. 여기서 중요한 것은 하나님의 말씀은 객체가 아니라는 사실입니다. 또한 역사적 진실이나 무관계성의 진리가 아니라는 사실입니다. 여기서 중요한 것은 하나님의 말씀은 살아 계신 인격^{lebendige Person}이라는 사실입니다. 성경과 설교를 통해 예수 그리스도가 말해지면, 그분은 "하나님의 말씀"으로서 다시 인간에게 오기를 원하시며, "육신^{Fleisch}"이 되기를 원하십니다. 동시에 성령께서는 소위 말하는 중재자가 되십니다. 본회퍼는 예수 그리스도께서 하나님의 말씀으로서 교회 공동체에 오기를 원하신다는 사실에 커다란 가치를 두고 있습니다. 하나님의 말씀은 교회 공동체를 세우기를 원하십니다. 거기에 교회 공동체를 향하는 말씀의 불가항력적인 움직임이 있습니다. 이것을 올바로 이해한다면, 하나님의 말씀은 스스로 역사하심을 알 수 있습니다. 설교자가 모든 수단을 동원하여 말씀을 생명으로 불러내야 하는 것이 아닙니다. 말씀 자체가 큰 능력으로 역사합니다. 본회퍼는 핑켄발데 설교학 강의에서 다음과 같이 가르쳤습니다. "그러나 하나님의 말씀은 홀로 자기 고유의 의도를 가지고 있습니다. 우리가 할 일은 고유의 생명을 가진 말씀을 섬기는 것입니다."(DBW 14, 496) 다시 말해, 하나님의 말씀은 철저히 창조적인 말씀입니다. 그리고 인간은 말씀의 영향력이 미치는 영역 안에서 자신을 드려야 합니다. 그것은 그들이 말씀을 들을 수 있기 위함이며, 또 믿음이 역사할 수 있도록 하기 위함입니다.

• 질문

1. 나는 예수님이 하나님의 말씀으로서 나의 삶 속에 역사하실 수 있다는 사실을 신뢰하고 있습니까?
2. 나는 성경을 어떤 자세로 대하고 있습니까?
3. 나는 어떤 기대를 가지고 설교를 듣습니까?
4. 설교자를 위한 질문: 나는 하나님의 말씀을 섬기고 있습니까? 아니면 말씀을 나에게 맞추어 해석합니까?

• 감사와 기도

1. 예수님이 하나님의 말씀으로서 성경과 설교 안에서 우리에게 오심을 감사합니다.
2. 하나님의 말씀이 강력하게 역사하고 있으며, 창조적이라는 사실에 대해 감사합니다.
3. 모든 선포자들과 설교자들이 말씀을 섬기는 자들이 되기를 기도합니다.
4. 하나님의 말씀이 꼭 필요한 그곳에서, 말씀이 나를 만나 주시도록 기도합니다.

7일

성경
Bibel

성경은 로중Losungl 그 이상의 책입니다. 성경은 '매일의 양식' 그 이상의 책입니다. 성경은 모든 시대, 모든 인간을 위한 하나님의 계시의 말씀입니다. 성경은 개별 격언으로 이루어진 책이 아닙니다. 성경은 하나의 전체입니다. 성경은 하나의 전체로서 관철되기를 원합니다. 전체로서의 성경이 하나님께서 주신 계시의 말씀입니다. (…) 성경은 몸Corpus, 즉 살아 있는 전체이기 때문에 가정교회의 성경 읽기는 무엇보다도 연독lectio continua의 방식이 고려되어야 할 것입니다. 역사서, 예언서, 복음서, 서신서, 계시록은 하나님의 말씀으로서, 상호연관성 속에서 읽고 들어야 합니다. (…) 성경을 연속적으로 읽는 사람들은 듣고자 하는 마음만 있다면, 하나님께서 인류 구원을 단번에 온전히 이루셨던 바로 그곳으로 인도됩니다. 그리고 그곳에서 자신을 발견하게 됩니다. (…) 우리는 종교개혁자들이나 우리 선조들이 알고 이해했던 것처럼, 그렇게 성경을 다시 배우고 알아야만 합니다. 그 일을 위해 우리는 시간과 노력을 아껴서는 안 될 것입니다. 무엇보다도 우리 자신의 구원을 위해서 성경을 배워야만 합니다. 그 외에도 이러한 요청을 아주 절실하게 만드는 중요한 이유는 아주 많습니다. 예를 들어 우리 자신이 성경의 굳건한 기초 위에 서 있지 않다면, 어떻게 우리 개인의 행동이나 교회 활동에서 신념과 확신을 가질 수 있겠습니까? 우리가 가야 할 길을 결정하는 것은 우리 마음이 아니라, 하나님의 말씀입니다. (…) 자립적으로 성경을 읽고 적용하는 법을 배우려 하지 않는 사람은 복음적인 그리스도인이라 할 수 없습니다.

『성도의 공동 생활』, DBW 5, 43-47

_____

_____

_____

_____

"내가 주의 법을 어찌 그리 사랑하는지요 내가 그것을 종일 작은 소리로 읊조리나이다 주의 계명들이 항상 나와 함께 하므로 그것들이 나를 원수보다 지혜롭게 하나이다 (...) 주께서 나를 가르치셨으므로 내가 주의 규례들에서 떠나지 아니하였나이다 주의 말씀의 맛이 내게 어찌 그리 단지요 내 입에 꿀보다 더 다니이다 주의 법도들로 말미암아 내가 명철하게 되었으므로 모든 거짓 행위를 미워하나이다 주의 말씀은 내 발에 등이요 내 길에 빛이니이다."

(시 119:97-98, 102-105)

본회퍼는 "헤른후트 로중"이 엄청난 보화임을 확신했습니다. 무엇보다도 날마다 주시는 하나님의 말씀이 역사하도록 할 때, 현실 삶에 큰 축복이 됨을 확신했습니다. 그럼에도 불구하고 본회퍼는 성경을 전체 맥락 속에서 읽고 배우는 것이 중요하다는 사실을 알았습니다. 그래서 본회퍼는 전체 성경 또는 성경의 각 장을 연독 방식으로 읽곤 했으며, 그렇게 하도록 독려하곤 했습니다. 소위 말하는 연독 방식의 성경읽기는 이미 고대교회 시절부터 널리 알려져 있었습니다. 하나님의 계시의 말씀으로서, 또 구원의 수단으로서 성경은 본회퍼에게 특별한 의미가 있었습니다. 성경 없이 그리스도인으로 산다는 것은 본회퍼에게 단순히 불가능한 일이었습니다. 그래서 본회퍼는 어린 학생들을 지도할 때나 대학생들과 목사 후보생들을 교육할 때, 자립적으로 성경을 읽도록 인도하는 것을 중대 관심사로 삼았습니다. 그러나 사실 그 자신도 성경을 읽으면서 성장한 것은 아니었습니다. 1936년 1월, 대학 시절 만난 여자 친구인 엘리사벳 친^{Elisabeth Zinn}에게 보낸 편지를 보면, 본회퍼가 30년대 초반에야 비로소 성경, 특히 산상수훈을 개인적인 영적 삶에 안내서가 되어 주며 자유를 주는 말씀으로 발견하게 되었다는 사실을 알 수 있습니다. 그때부터 성경에 대한 그의 자세는 눈에 띄게 달라졌습니다. 그는 말씀이 영향력을 행사하도록 하려면 진정으로 말씀하시도록 해야 하며, 말씀의 권위에 순복해야만 함을 알게 되었습니다. 더 정확하게 말하면, 독자가 성경을 해석하는 것이 아니라, 성경이 독자를 해석하는 것입니다. 1936년 4월, 본회퍼는 매형 뤼디거 슐라이허^{Rüdiger Schleicher}에게 다음과 같은 편지를 썼습니다. "하나님은 우리를 사랑하시며, 여러 의문들 속에 우리를 홀로 내버려 두기를 원치 않으십니다. 우리는 하나님이 성경 속에서 진실로 우리에게 말씀하고 계심을 알고 성경을 대해야 합니다. 오직 그런 자세로 성경을 읽을 때에만, 우리는 성경으로 인해 기뻐하게 됩니다."(DBW 14, 145) 이런 모든 면면에서 본회퍼는 마틴 루터나 종교개혁에 가까이 서 있으며, 종교개혁을 성경 운동으로 이해했고, 높이 평가했습니다.

• 질문

1. 나는 성경을 전폭적으로 신뢰하는 자세로 대하고 있습니까? 나는 성경에 나 자신을 내어 드리며, 구원하는 말씀으로 기대하고 있습니까?
2. 지금까지 성경을 읽으면서 어떤 체험을 하였습니까?
3. 다른 사람들이 자립적으로 성경을 읽도록 어떻게 격려하며 도울 수 있을까요?

• 감사와 기도

1. 하나님이 그분의 뜻을 보여 주시고, 그분이 어떤 분인지 알게 하시는 성경에 대해 감사합니다.
2. 성경이 나를 다룰 수 있도록 내어 드리는 겸손한 자세를 위해 기도합니다.
3. 막힘이 되는 성경 구절을 올바로 이해할 수 있도록 하나님의 도우심을 구합니다.

8일

기도
Gebet

"주여, 우리에게 기도를 가르쳐 주옵소서!" 제자들은 예수님께 이렇게 요청했습니다. 이로써 그들은 자기 힘으로 기도할 능력이 없음을 고백했습니다. 그들은 기도를 배워야만 했습니다. (…) 기도는 단순히 마음을 쏟아놓는 것을 의미하지 않습니다. 기도는 충만한 마음 또는 텅 빈 마음으로 하나님께 나아가서 그분과 대화하는 것입니다. 그 누구도 자기 힘으로는 기도할 수 없습니다. 기도하기 위해서는 반드시 예수 그리스도가 필요합니다. (…) 분명 기도의 경험이 풍부한 그리스도인들은 많은 도움을 줄 수 있을 것입니다. 그러나 그들도 기도를 도우시는 예수 그리스도를 통해서만 다른 사람을 도울 수 있습니다. 기도를 올바로 가르치는 선생이라면, 그들은 우리를 예수 그리스도에게 안내할 것입니다. 예수 그리스도는 우리를 그분의 기도 속으로 이끌어 들이셔서, 우리가 예수님의 기도로 함께 기도하게 하십니다. 또한 예수님은 우리를 그분의 방식대로 하나님께 이끌어 주시며, 기도하는 법을 가르쳐 주십니다. 그러면 우리는 기도하지 못하는 고통에서 해방됩니다. 이것이 바로 예수 그리스도께서 원하시는 바이기도 합니다. 주님은 우리와 함께 기도하길 원하십니다. 우리가 주님의 기도로 함께 기도할 때, 우리는 하나님이 우리의 기도를 들으신다는 사실을 확신하며 기뻐할 수 있습니다. 우리의 온 마음과 의지가 그리스도의 기도 속으로 들어가면, 우리는 바르게 기도할 수 있습니다. 우리는 단지 예수 그리스도 안에서만 기도할 수 있습니다. 그리고 예수 그리스도와 함께 우리의 기도는 응답을 받습니다. 그러므로 우리는 기도를 배워야만 합니다. 아버지가 어린아이에게 말을 건네기 때문에, 어린아이는 말을 배우게 됩니다. 즉, 어린아이는 아버지의 언어를 배우는 것입니다. 우리도 그렇게 하나님에게서 말하는 법을 배워야 합니다. 그렇게 할 수 있는 까닭은 하나님께서 우리에게 말씀하셨으며, 또 말씀하고 계시기 때문입니다. 하나님의 자녀는 하늘에 계신 아버지의 언어로 그분과 대화하는 법을 배웁니다. 하나님의 언어를 따라 말하면서, 우리는 하나님께 기도하기를 시작합니다. (⋯) 예수 그리스도 안에 있는 하나님의 언어는 성경 안에서 우리와 만납니다. 우리가 확신과 기쁨으로 기도하기를 원한다면, 성경 말씀이 우리가 드리는 기도의 확고한 토대가 되어야 합니다. 여기서 우리는 하나님의 말씀이신 예수 그리스도가 우리에게 기도를 가르치고 계심을 알게 됩니다. 하나님으로부터 오는 말씀은 우리가 하나님께로 나아가는 계단이 되어 줍니다.

『시편, 성경 속의 기도서』, DBW 5, 107 이하

"우리는 마땅히 기도할 바를 알지 못하나 오직 성령이 말할 수 없는 탄식으로 우리를 위하여 친히 간구하시느니라."

(롬 8:26b)

본회퍼에게 그리스도인의 신앙은 단순히 일반적인 종교 행위가 아니었습니다. 그렇습니다. 본회퍼에게 그 둘은 심지어 반대되는 개념이었습니다. "종교"는 인간이 주체가 되어 하나님을 찾아가는 행위입니다. 반면, "그리스도인의 신앙"은 하나님이 예수 그리스도를 통해 인간에게 무언가를 선사해 주시는 것입니다. 기도와 연관시켜 말해 보면, 하나님을 찾아가는 인간의 다양한 종교 행위가 있습니다. 그런데 그런 종교 행위가 목적으로 인도해 줄 수 있습니까? 본회퍼에게 결정적으로 중요한 것은, 위대한 유대인 종교철학자 헤셸A.J. Heschel의 책 제목이 되기도 했던 "하나님은 인간을 찾으신다"였습니다. 이것은 기도에도 적용됩니다. 예수님은 제자들에게 주기도문을 가르치셨습니다. 제자들은 예수님이 기도를 가르쳐 주셨기 때문에 기도할 수 있었습니다. 예수님이 우리를 그분의 아버지에 대한 내적인 친밀한 관계성으로 이끌어 들이실 때, 우리는 기도할 수 있습니다. 그러면 이러한 기도는 언제나, 무슨 말을 해야 할지도 모르는 내면의 상태를 극복하게 합니다. 그리고 우리의 연약함을 도우시는 성령의 능력 안에서 드려지는 기도가 됩니다. 그러면 우리는 기도 속에서 무거운 짐을 내려놓게 됩니다. 우리 자신의 힘으로 해야만 하는 것은 하나도 없습니다.

더 정확히 말하면, 우리는 전혀 그렇게 할 수 없습니다. 그러나 예수님은 우리를 기도 속으로 함께 이끌어 들이십니다. 하나님이 우리에게 말씀하시기 때문에, 우리는 대답할 수 있습니다. 하나님은 성경 속에서 우리에게 말씀하고 계십니다. 그러므로 우리가 성경을 읽고 연구하는 것은 중요한 일입니다. 성경 말씀과 약속들로 인해 우리는 기도를 배웁니다. 예수 그리스도의 형상 속에서, 그리고 성경 속에서 하나님은 우리에게로 한 계단씩 내려오십니다. 그래서 우리는 단지 한 계단만 올라가면, 하나님을 발견할 수 있습니다.

• 질문

1. 지금까지 기도를 하면서 어떤 경험을 해 보았습니까?
2. 나는 예수님과 성경이 나의 기도를 형성해 가시도록 도울 준비가 되어 있습니까?
3. 그것은 구체적으로 어떻게 보일까요? 어떤 태도와 내용이 나의 기도를 각인하고 있습니까?

• 감사와 기도

1. 기도에 대한 최고의 선생이신 예수 그리스도께 감사를 드립니다.
2. 성령을 통해 내게 말씀하고 계시는 하나님께 감사드립니다.
3. 제 삶에 기도가 부족함을 정직하게 인정하고 하나님 앞으로 들고 나가기를 기도합니다.

9일

노동
Arbeiten

기도와 노동은 서로 다른 두 가지 일입니다. 그러므로 기도
가 노동을 방해해서도, 노동이 기도를 방해해서도 안 됩니다.
하나님의 뜻은 사람이 엿새 동안 일하고, 이레 되는 날 하나님
앞에서 일을 쉬고 안식하는 것입니다. 하나님의 뜻에 따라, 그
리스도인의 하루는 기도와 노동이라는 이중적 일로 특징지어
져 있습니다. 기도 역시 시간이 필요하기는 하지만, 하루의 긴
시간은 노동하는 시간입니다. (…) 노동은 사람을 사물의 세계
속에 세웁니다. 노동은 사람에게 행동을 요구합니다. (…) 세상
속에서 하는 일은 오직 인간이 자기 자신을 잊어버리고, 객관
적 사실^{Sache}과 현실^{Wirklichkeit}, 과제^{Aufgabe}와 그것^{Es}에 몰입할 때에
야 비로소 성취될 수 있습니다. 그리스도인은 노동을 통해 주
어진 책무에 집중함으로써 자기 자신을 제한하는 법을 터득하
게 됩니다. 그리하여 노동은 육체의 안일과 게으름을 극복하
는 구원의 수단이 됩니다. 육체가 요구하는 것들은 사물의 세
계에서 죽어 버립니다. 그러나 이러한 일은 오직 그리스도인
이 '그것'의 세계를 돌파하여, 그들에게 노동과 행동을 명하신
하나님, 이를 통해 자기 자신으로부터 자유롭게 하시는 하나

님의 '너^{Du}'에 도달할 때에만 이루어질 수 있습니다. (…) 그래서 그리스도인의 기도는 정해진 기도의 시간을 넘어서서 노동 한가운데로 뚫고 들어갑니다. 기도는 하루 전체를 포괄하지만, 그렇다고 해서 기도가 노동을 중단시키는 것은 아닙니다. 오히려 기도는 노동을 장려하고 긍정하며, 노동에 진지함과 즐거움을 더해 줍니다. 그리하여 그리스도인의 말과 행동, 노동은 모두 기도가 됩니다. 이것은 자신에게 주어진 과제를 회피하는 비현실적인 의미에서가 아니라, 혹독한 '그것'을 실제로 돌파하여 은혜로우신 하나님의 '너'에 이른다는 의미에서 그렇습니다. (…) 일을 할 때 내려야하는 결정은, 사람을 두려워하지 않고 오직 하나님 앞에서 결정할 때 훨씬 간단하고 쉬워집니다. (…) 심지어 기계를 다루는 일마저도 하나님을 알고 그분의 명령에 기초해서 일할 때, 더욱 끈기 있게 잘 감당할 수 있습니다. 오늘 우리가 일하는 데 필요한 힘을 하나님께 구하고 기도한다면, 일할 수 있는 강건함이 더욱 풍성하게 주어질 것입니다.

『성도의 공동생활』, DBW 5, 59-61

"여호와 하나님이 그 사람을 이끌어 에덴 동산에 두어 그
것을 경작하며 지키게 하시고"

(창 2:15)

성경을 펴서 처음 몇 장을 읽다 보면, 태초부터 노동이 있었
으며, 노동은 인간이 가진 소명의 일부분임을 알게 됩니다. 우
리가 너무도 당연하게 받아들이는 것이 종종 다른 사람들에게
는 전혀 자명하지 않을 수 있습니다. 무엇보다 먼 동방의 종교
들에서 그렇습니다. 성경의 하나님은 일하시고, 형상을 만드시
고, 먼지를 취하셔서 무언가를 창조하셨습니다. 그리고 그것은
좋았습니다! 창조주의 피조물로서 인간도 역시 창조적입니다.
인간은 땅을 경작하고 지키면서 창조적인 일을 하도록 부르심
을 받았습니다. 동시에 그 일은 책임을 다하는 것이지, 약탈하
는 것이 아닙니다. 죄의 영향으로 인해 노동은 수고로운 것이
되어 버렸습니다. 그러나 노동은 처음부터 인간에게 부여된 사
명이었습니다.

에버하르트 베트게Eberhard Bethge는 그의 대작인 본회퍼 전기[1]의
도입부에서 본회퍼의 초상을 그리고 있습니다. 그는 본회퍼가
일에 몰두하였고, 그랬기에 큰 과업을 감당할 수 있었다고 말
합니다. 그럼에도 불구하고 본회퍼는 심신의 휴식과 여가를 소
홀히 하지 않았다고 말합니다. 본회퍼의 삶의 이력을 살펴보면,
그가 노동에 대해 긍정적인 자세로 몰두하였음을 분명히 알 수
있습니다. 무엇보다도 그가 얼마나 빨리 대학 공부를 마치고,

박사 학위와 교수 자격을 취득했는지를 보면 그렇습니다.

한편, 본회퍼는 기도와 노동을 구별하고 있습니다. 그 둘은 삶에서 차지하는 공간이 따로 있습니다. 동시에 그에게 노동은 무언가 객관적인 것, 즉 "그것^{Es}"입니다. 노동을 하는 사람은 자기 자신에게서 눈을 돌려야만 합니다. 그는 종종 내면의 저항을 극복하면서, 그가 하는 노동에 몰두해야만 합니다. 그러나 이러한 노동에 기도가 더해지면, 노동은 하나님과 연결됩니다. 그래서 인격적인 "너^{Du}"로 향한 문이 열립니다. 노동을 창조하신 하나님과의 연결을 통해 노동은 섬김이 되며, 의미를 얻고, 장려됩니다. 그 결과 모든 노동은 기도가 될 수 있고, 하나님 앞에서 행하는 영적인 섬김이 될 수 있습니다.

• 질문

1. 나는 내가 하는 일을 어떤 시선으로 바라보고 있습니까? 단지 짐으로 여깁니까, 아니면 하나님 앞에서 감당하는 섬김으로 생각합니까?
2. 나의 삶에서 기도와 노동은 어떤 관계 속에 있습니까?
3. 나는 어디서 나의 일을 형성해 가며, 도전할 수 있습니까? 또 총체적으로 강화할 수 있습니까?

• 감사와 기도

1. 하나님께서 제게 선사하신 능력과 창조성, 경험으로 인해 감사합니다.
2. 충분한 수입이 보장된 노동 가능성과 좋은 노동 조건을 위해 기도합니다.
3. 노동을 하나님 앞에서 하는 섬김으로 이해하는 깊이 있는 내적 시각을 가질 수 있도록 기도합니다.

10일

예배
Gottesdiesnt

시편 27, 42, 46, 48, 63, 81, 84, 87편 등은 하나님의 도성 예루살렘과 하나님 백성들의 큰 축제, 성전, 아름다운 예배에 관해서 노래하고 있습니다. 이 시편들은 우리로 하여금 구원의 하나님으로 인해 감사하고 기뻐하며, 구원의 하나님을 갈망하게 합니다. 바로 그 구원의 하나님이 교회 공동체에 임재하여 계십니다. 이스라엘 사람들에게 시온산과 성전은 우리에게 온 세상에 있는 하나님의 교회를 의미합니다. 교회가 있는 곳에는 항상 하나님이 그분의 말씀과 성례로 공동체 안에 거하십니다. (…) 하나님은 교회의 예배 중에 임재하시겠다고 약속하셨습니다. 그래서 교회는 하나님의 질서에 따라 예배합니다. 그러나 완전한 예배는 예수 그리스도를 통해서 드려졌습니다. 예수 그리스도는 자신을 흠없는 희생제물로 기꺼이 드림으로써 모든 제사 규정을 완성하셨습니다. 그리스도는 우리를 위해 하나님께 제사를 드렸고, 또 하나님을 위해 우리의 제사를 그분 안에서 드리셨습니다. 우리에게는 단지 찬양과 감사의 제사가 남아 있을 뿐입니다. 우리는 기도와 찬송과 하나님의 계명을 좇아 살면서 찬양과 감사의 제사를 드릴 수 있습니다. 그러면 우리의 삶 전

체가 예배하는 삶, 감사로 제사를 드리는 삶이 됩니다. 하나님
은 이러한 감사의 제사를 인정하시고, 감사하는 자에게 그분의
구원을 보여 주십니다.

『시편, 성경 속의 기도서』, DBW 5, 121 이하

_____

_____

_____

_____

"내가 여호와께 바라는 한 가지 일 그것을 구하리니 곧 내가 내 평생에 여호와의 집에 살면서 여호와의 아름다움을 바라보며 그의 성전에서 사모하는 그것이라 여호와께서 환난 날에 나를 그의 초막 속에 비밀히 지키시고 그의 장막 은밀한 곳에 나를 숨기시며 높은 바위 위에 두시리로다 이제 내 머리가 나를 둘러싼 내 원수 위에 들리리니 내가 그의 장막에서 즐거운 제사를 드리겠고 노래하며 여호와를 찬송하리로다 여호와여 내가 소리 내어 부르짖을 때에 들으시고 또한 나를 긍휼히 여기사 응답하소서 너희는 내 얼굴을 찾으라 하실 때에 내가 마음으로 주께 말하되 여호와여 내가 주의 얼굴을 찾으리이다 하였나이다."

(시 27:4-8)

본회퍼는 교회 공동체 안에서 하나님의 임재로 인해 축제를 벌이는 것이 예배라고 이해했습니다. 동시에 예배는 하나님에 대한 감사와 기쁨과 동경에 초점이 맞추어져 있습니다.

마틴 루터는 1544년 10월, 첫번째 개혁교회였던 토어가우어 궁정교회Torgauer Schlosskirche를 봉헌하면서, 예배를 드릴 때 어떤 일이 일어나는지에 대해 이렇게 설명했습니다. "사랑하는 교우 여러분, 지금 우리는 이 새로운 집을 축복하며, 우리 주 예수 그리스도께 드립니다. (…) 이 집에서 일어나는 일은, 사랑하는 주님이 친히 그분의 말씀을 통해 우리에게 말씀하시는 것입니다. 또한 우리는 기도와 찬송을 통해 그분과 대화하는 것입니다. 그

외에 다른 일은 없습니다."[i] "예배[Gottesdienst]"라는 말 속에는 두 가지 움직임이 있습니다. 한편으로는 하나님이 우리를 섬기고, 또 다른 한편으로는 우리가 하나님을 섬기는 것입니다. 우선 하나님이 우리를 섬기십니다. 하나님이 허리를 굽혀 우리 가까이 내려오십니다. 하나님이 설교를 하시고, 세례를 베푸시며, 그분의 식탁으로 우리를 초청하십니다. 끝으로 우리는 축복 속에서 우리를 향하신 하나님의 선하심을 경험합니다. 그러나 우리가 하나님을 섬기는 두번째 일도 중요합니다. 우리는 하나님의 인자하신 친밀함이 이루어지도록 감사함으로 받아들입니다. 우리는 우리의 죄를 고백하며, 이로써 우리가 하나님의 긍휼로 말미암아 살고 있음을 고백합니다. 우리는 하나님께 감사를 드리며, 그분을 경배합니다. 우리는 타인을 위해 중보기도를 드리며, 하나님 앞에 나아가 섭니다. 모든 예배의 전제 조건은 하나님이 예배의 자리에 계시며, 그분의 임재를 약속하셨다는 사실에 있습니다. "두세 사람이 내 이름으로 모인 곳에는 나도 그들 중에 있느니라."(마 18:20) 완전한 예배를 위한 본래적인 희생제물은 예수 그리스도께서 이미 완성하셨습니다. 예수 그리스도는 "참 인간과 참 하나님[wahrer Mensch und wahrer Gott]"으로서 우리를 위한 하나님의 희생제물이며, 하나님을 위한 우리의 희생제물입니다. 우리가 예배를 드리며 우리의 전 삶이 예배임을 이해한다면, 우리는 그 사실을 생각하는 것입니다.

• 질문

1. 나는 예배에 대해 어떤 기대를 하고 있습니까? 나는 하나님이 말씀과 성례 속에서 나를 만나 주신다는 사실을 깨닫고 있습니까?
2. 하나님께 감사과 기쁨, 동경으로 나아가는 자세가 나 자신이나 교회에서 어떻게 자랄 수 있습니까?
3. 나의 교회에서 외적인 형식이나 양식, 형성의 문제는 어떤 역할을 하고 있습니까?

• 감사와 기도

1. 우리가 그분의 이름으로 모이는 곳에 하나님께서 우리를 만나 주심을 감사합니다.
2. 열정적인 예배와 예배에 대한 열정을 위해 기도합니다.
3. 하나님의 임재에 집중하기를 기도합니다. 즉 하나님이 우리를 섬기고 계시며, 우리가 그분을 섬기고 있다는 사실에 집중하기를 기도합니다.

11일
성도의 교제
Gemeinschaft

그리스도인들이 믿음의 형제자매들과 함께 살아가도록 허락된 것은 전혀 자명한 일이 아닙니다. 예수 그리스도는 원수들 한복판에서 사셨고, 마지막에는 제자들마저 모두 예수님을 버리고 떠났습니다. 십자가 상에서 예수님은 행악자와 조롱하는 자들에게 둘러싸인 채 완전히 홀로 남겨졌습니다. (…) 교회 공동체가 이 세상에서 하나님의 말씀과 성찬을 위해 함께 모일 수 있다는 것은 하나님의 은혜입니다. (…) 다른 그리스도인들과 몸과 몸을 부대끼며 함께하는 것은 믿는 사람들에게 비할 수 없는 기쁨과 힘의 원천이 됩니다. (…) 그리스도인들의 교제는 예수 그리스도를 통한 사귐입니다. 그리스도인들의 교제는 예수 그리스도 안에서 이루어지는 사귐입니다. 그리스도인의 사귐은 예수 그리스도를 통한, 예수 그리스도 안에서의 교제, 그 이상의 것도 그 이하의 것도 있을 수 없습니다. 짧은 시간 단 한 번의 만남에서부터 평생에 걸쳐 매일 이어온 사귐이라 해도, 그리스도인의 교제는 오직 이것뿐입니다. 우리는 오직 예수 그리스도를 통해서, 예수 그리스도 안에서만 서로에게 속하게 됩니다.

『성도의 공동생활』, DBW 5, 15-18

"그들이 사도의 가르침을 받아 서로 교제하고 떡을 떼며 오로지 기도하기를 힘쓰니라 사람마다 두려워하는데 사도들로 말미암아 기사와 표적이 많이 나타나니 믿는 사람이 다 함께 있어 모든 물건을 서로 통용하고 또 재산과 소유를 팔아 각 사람의 필요를 따라 나눠 주며 날마다 마음을 같이하여 성전에 모이기를 힘쓰고 집에서 떡을 떼며 기쁨과 순전한 마음으로 음식을 먹고 하나님을 찬미하며 또 온 백성에게 칭송을 받으니 주께서 구원 받는 사람을 날마다 더하게 하시니라"

(행 2:42-47)

1939년 본회퍼의 저서『성도의 공동생활』이 출간되었습니다. 이 책은 얼마 지나지 않아 고전이 되었고, 오늘날까지 그의 저서들 가운데 가장 많이 보급된 책이 되었습니다. 본회퍼는 핑켄발데와 포메른에서 고백교회 설교자 양성 학교를 맡아 섬기면서 경험한 내용을 이 책에 기록하였습니다. 그는 교회 목회자의 길을 가려고 준비하던 젊은 신학생들과 함께 그곳에서 직접 생활하며 지도하였습니다. 그는 신학생들이 함께 영적인 삶을 연습하는 것을 특별히 중요하게 생각했습니다. 이 모든 것들이 '교회 투쟁'의 시기에 일어났습니다. 본회퍼는 고백교회 테두리 안에서 독일 그리스도인들 및 신앙의 변질에 맞서 싸웠습니다. 그의 말을 통해 뜻을 같이하는 신앙인들과 교류하는 것이 젊은이들에게 얼마나 중요한지 유추해 볼 수 있습니다. 왜냐하면 그들은 실제로 '원수들 속에' 살고 있었기 때문입니다. 동시에 본회퍼는 영적인 사귐과 직접 몸으로 부대끼며 함께하는 사귐이 아주 밀접한 연관성이 있음을 확신했습니다. 같은 길을 가는 다른 사람들이 옆에 있다는 것은 그리스도인에게 양약이 됩니다. 그리스도인의 교제는 예수 그리스도 안에 그 근거를 두고 있습니다. 그리스도인을 연결해 주는 것은 취미가 같다거나 취향이 같은 것이 아니라, 바로 주님이십니다. 그리고 그리스도인이 함께하도록 연결해 주시는 분이 예수님이라는 사실은, 각자의 차이를 감당하고, 서로 부딪히면서 성장하고 성숙하도록 돕는 원동력이 됩니다.

• 질문

1. 나는 다른 그리스도인들과의 교제를 찾고 있습니까? 아니면 혼자 있는 것을 더 좋아합니까?
2. 나는 함께 예수님을 따르는 다른 그리스도인들이 있다는 사실에 대해 감사합니까?
3. 나는 다른 그리스도인들과 무엇을 나눌 수 있습니까?(시간, 식사, 물질…)
4. 나는 예수님이 사람들 사이에 다리를 놓아줄 수 있다는 사실을 믿고 신뢰합니까?
5. 나의 관계성에서 업데이트가 필요한 부분은 없습니까? 아니면, 심지어 치유가 필요한 부분은 없습니까?

• 감사와 기도

1. 나의 교회와 믿음의 형제자매들에 대해 감사합니다.
2. 우리 나라에 평화가 있음을 감사합니다.
3. 나를 힘들게 하는 교회 지체들을 위해서 기도합니다.
4. 홀로 믿음을 지키면서 살아가야 하는 그리스도인들을 위해 기도합니다.
5. 믿는다는 이유로 박해 받는 사람들을 위해서 기도합니다.

12일
실망
Enttäuschungen

수없이 많은 경우에 기독교 공동체는 이상에 기초하여 살아간 결과 깨어지고 말았습니다. 그리스도인의 삶의 공동체에 첫 발을 들여놓은 진지한 그리스도인은 흔히 기독교 공동생활에 대한 특정한 이상도 함께 가지고 들어옵니다. 그리고 그는 그 이상을 실현하고자 애쓸 것입니다. 그러나 이러한 종류의 꿈들이 신속히 깨어지도록 만드는 것은 하나님의 은혜입니다. 아마도 다른 사람들에 대한 실망, 그리스도인 전반에 대한 커다란 실망이 우리를 짓누를 것입니다. 여기에 자기 자신에 대한 커다란 실망이 따라온다면 더 좋습니다. 이를 통해 하나님은 우리를 참된 기독교 공동체에 대한 인식으로 인도하기를 원하십니다. (…) 모든 불쾌하고 악한 모습에 환멸을 느낀 공동체야말로 비로소 하나님 앞에서 본연의 모습을 발견하게 됩니다. 그리고 자신에게 주어진 약속을 믿음으로 붙들기 시작합니다. 그러므로 이러한 실망이 개인이나 공동체에 빨리 찾아올수록, 양자에게 훨씬 유익합니다. (…) 자신이 품고 있는 기독교 공동체의 꿈을 기독교 공동체 자체보다 더 사랑하는 사람은, 제 아무리 정직하고 진실하며 헌신적이라고 해도, 결국 모든 기독교 공동체의 파괴자가 되고 맙니다. (…) 하나님은 우리 공동체의 유일한 기초를 이미 놓아 두셨고, 우리가 다른 사람들과 공동생활을 영위하기 훨씬 전에 예수 그리스도 안에서 그들과 한 몸이 되게 하셨습니다. 그러므로 우리는 요구하는 자가 아니라, 감사하는 자요 선물을 받은 자로서 다른 그리스도인들과 공동생활을 누리는 것입니다.

『성도의 공동생활』, DBW 5, 23 이하

_____

_____

_____

_____

"그 때부터 그의 제자 중에서 많은 사람이 떠나가고 다시 그와 함께 다니지 아니하더라 예수께서 열두 제자에게 이르시되 너희도 가려느냐 시몬 베드로가 대답하되 주여 영생의 말씀이 주께 있사오니 우리가 누구에게로 가오리이까 우리가 주는 하나님의 거룩하신 자이신 줄 믿고 알았사옵나이다"

(요 6:66-69)

어제 우리는 다른 그리스도인과 교제하는 삶이 얼마나 중요한지에 대해 숙고했습니다. 그러나 본회퍼는 성도의 공동생활을 분홍빛 색안경을 통해 천진난만한 눈으로 바라보지 않았습니다. 그는 성도의 공동생활에는 실망들이 따라온다는 것도 잘 알았습니다. 핑켄발데에서 보낸 시간들도 예외는 아니었습니다.

본회퍼는 모든 결혼한 부부들이나 소모임 구성원들이 겪는 일들을 분명하게 알고 있었습니다. 사람들이 가까이 모일 때면 실망은 피할 수 없이 따라오기 마련입니다. 그러나 그는 이러한 위기 속에서 파멸이 아니라, 커다란 기회를 보았습니다. 인간적인 꿈과 소원이 깨어지고 나면, 예수 그리스도에 대한 믿음에 근거한 깊이 있는 성도의 교제가 이루어질 수 있습니다. 그렇게 되기 위해서 꼭 필요한 것은 도망치지 말고, 그곳에 머물러 있는 것입니다.『성도의 공동생활』의 다른 부분에서 본회퍼는 이렇게 썼습니다. "그리스도인은 오직 예수 그리스도를 통해서 다른 그리스도인에게 다가갑니다. 인간들 사이에는 분쟁이 있습니다."(DBW 5, 20) 다시 말해서 예수 그리스도는 두 사람 사이에 균열이 생기면, 그 갈라진 틈 사이로 들어오시는 중보자가 되십니다. 성도의 교제나 관계가 위태로워지면, 실망에 빠진 사람들이 깨어져 버린 자신의 기대나 꿈보다 더 많은 것을 기대하고 있는지의 여부가 드러납니다. 본회퍼는 기독교 공동체가 단지 인간들 사이의 차원에서 벌어지는 일이라면, 전혀 지탱할 수 없음을 분명하게 알았습니다. 그러나 그들이 반복해서 예수 그리스도를 중심으로 모이며, 예수 그리스도를 향해서 정렬되며, 서로에게 정직해진다면, 내적으로나 외적으로 성장하게 됩니다. 이때 감사하며, 차이를 참아 주고, 용서를 받고 또 용서를 말하며, 상대방의 약점을 감당하는 것이 중요합니다. 왜냐하면, 기독교 교회는 결코 '나의' 교회가 아니며, 언제나 예수 그리스도의 교회이기 때문입니다. 예수 그리스도께서는 그리스도인들이 서로를 발견하기도 전에, 이미 하나가 되게 하셨습니다.

- 질문

1. 내가 나의 교회에서 실망한 부분은 무엇입니까? 내가 다른 그리스도인들에 대해 실망한 부분은 무엇입니까?
2. 기독교 공동체에 대한 나의 소원은 성경을 통해 발견된 것입니까?
3. 어떻게 하면 나의 꿈이 하나님에 의해 교정될 수 있습니까?
4. 기독교 공동체의 가장 깊은 기초가 예수님이라는 사실은 무엇을 의미합니까?
5. 나는 내가 다니는 교회에 대해, 또 내가 누리는 성도의 교제에 대해 감사할 수 있습니까?

- 감사와 기도

1. 내가 함께 살아가도록 허락된 그리스도인들이 있음을 감사합니다.
2. 서로 다른 다양한 사람들을 그분 주위로 모으시는 예수님께 감사합니다.
3. 내게 실망을 안겨 주었던 사람들을 위해 기도합니다.
4. 내가 힘들게 느끼는 사람에 대해 인내심을 갖도록 도우시길 기도합니다.

13일

감사
Dankbarkeit

그리스도인의 삶이 그러하듯, 그리스도인의 공동체도 감사하는 일이 중요합니다. 오직 작은 것에 감사하는 사람만이 큰 것도 받습니다. 우리가 매일의 선물에 감사하지 않기 때문에, 하나님이 우리를 위해 이미 준비해 두신 더 큰 영적인 선물을 받지 못합니다. 우리는 우리에게 선사된 영적인 인식이나 경험, 사랑이 작다면, 그것으로 만족해서는 안 된다고 생각하는 경향이 있습니다. 우리는 그 정도로 만족해서는 안 되며, 항상 더 큰 은사만을 열렬히 사모해야 한다고 생각하는 경향이 있습니다. 그러면서 다른 그리스도인들에게 허락된 큰 확신과 강한 믿음, 풍성한 경험이 자신에게는 없다며 한탄합니다. 그리고 이러한 불평이 마치 경건한 것인 양 행동합니다. 우리는 위대한 것을 구하면서, 매일의 작은 선물(그러나 사실은 작은 것이 아닙니다!)에 대해 감사하는 것을 잊어버립니다. 그러나 하나님께서 어떻게 작은 것을 감사함으로 받으려 하지 않는 자에게 더 큰 것을 맡기실 수 있겠습니까? 우리가 소속된 기독교 공동체에 대해 날마다 감사하지 않고, 모든 것이 우리 기대와는 달리 너무 초라하고 보잘것없다며 불평만 하고 있다면 어떻게 되겠습니까? 그러면 우리는 예수 그리스도 안에서 우리 모두를 위해 이미 준비해 놓으신 경륜과 부유함을 따라 우리 공동체를 성장시키고자 하시는 하나님을 방해하게 됩니다. 혹여 우리 공동체에서 위대한 체험이나 풍성함이라고는 찾아볼 수 없을 뿐더러, 너무도 연약하고 믿음이 없으며 어려움만 가득하다고 해도 그렇습니다. (…) 자신이 부름받아 소속된 기독교 공동체와 어긋나서 고발하는 자가 되었다면, 그는 하나님에 의해 깨어져야 할 이상을 가지고 있지 않은지, 우선 자기 자신부터 살펴보아야 합니다. 만약 자신에게서 그러한 인간적인 이상이 발견된다면, 그는 자신을 이러한 궁지로 몰아넣으신 하나님께 감사해야 합니다.

『성도의 공동생활』, DBW 5, 25 이하

_____

_____

_____

_____

"그리스도의 평강이 너희 마음을 주장하게 하라 너희는 평강을 위하여 한 몸으로 부르심을 받았나니 너희는 또한 감사하는 자가 되라 그리스도의 말씀이 너희 속에 풍성히 거하여 모든 지혜로 피차 가르치며 권면하고 시와 찬송과 신령한 노래를 부르며 감사하는 마음으로 하나님을 찬양하고 또 무엇을 하든지 말에나 일에나 다 주 예수의 이름으로 하고 그를 힘입어 하나님 아버지께 감사하라"

(골 3:15-17)

"감사는 동요하지 않게 보호해 주며, 칭찬은 위로 끌어올려 준다"는 옛 속담이 있습니다. 감사는 긍정의 징후와도 같습니다. 그러한 징후는 수학뿐만 아니라, 삶에서도 모든 것을 결정합니다. 작은 것, 완전하지 못한 것에 대해 미리 감사할 수 있고, 그것을 경시하지 않는다면, 그는 더 큰 것에 대해서도 기뻐할 수 있을 것입니다. 본회퍼에 따르면, 이것은 영적인 선물이나 기독교 공동체에도 똑같이 적용됩니다. 작은 진보에도 기뻐할 수 있고, 막 싹이 트는 믿음에도 기뻐할 수 있는 사람이 있습니다. 매일 일어나는 작은 일상의 기적을 기뻐할 수 있는 사람이 있습니다. 그는 타인에게 주어진 특별한 것을 바라보며 비교하는 마음으로 시기하지 않습니다. 그의 자세는 기본적으로 모든 선물을 주시는 분에게 감사하는 마음입니다. 그리고 그의 마음은 더 큰 것을 받을 준비가 되어 있습니다. 이것은 나 자신과 타인을 보는 나의 시선이 어떠한가뿐만 아니라, 교회에 대한 나의 시선이 어떠한가에도 적용됩니다. 교회를 바라보는 시선이 단지 결함만 보는 상태에 빠져서 허우적거릴 수도 있기 때문입니다. 우리는 너무 쉽게 피상적이 되고, 불만족스러울 수 있습니다. 부정적인 사고에 갇혀 있으면, 더는 하나님께서 선사하신 성장을 볼 수 없습니다. 본회퍼에게 이러한 부정적 시선은 신학적인 유희로 보일 뿐이었습니다. 1936/37년 핑켄발데 시절 본회퍼는 '죽은 교회 공동체'의 도전을 진지하게 숙고하였습니다. 그리고 강의나 편지를 통해 구체적이고 실제적인 방향을 제시하였습니다. 그럼에도 불구하고 그는 여기서도 감사하는 자세를 견지하도록 격려하고 있습니다. 이것은 특정 목적을 위한 낙관주의에서 나온 것이 아니며, 눈이 멀어 있기 때문은 더욱더 아닙니다. 이것은 하나님의 부요하심을 직시하는 영적인 기본 자세로 말미암은 것입니다.

• 질문

1. 나는 하나님이 내게 선사하신 재능과 가능성들에 대해 감사하고 있습니까?
2. 내게는 이제 막 자라나고 있는 작은 것을 보는 눈이 있습니까? 아니면 나의 눈은 큰 것에만 고정되어 있습니까?
3. 나는 지금^{Jetzt}에 깨어 주의하며 살고 있습니까? 아니면 항상 지나치며 '통과^{Durchreise}'해 버리고 맙니까?
4. 나는 내가 속한 교회를 어떻게 생각합니까? 단지 결함과 부정적인 것만을 보고 있습니까? 아니면 교회의 좋은 면에 대해 진정으로 기뻐할 수 있습니까?

• 기도와 감사

1. 제게 주신 재능과 교회 공동체 안에 있는 보화들, 하나님의 역사에 대해 감사합니다.
2. 이미 성장한 것과 감사하는 마음에 주의를 기울이도록 도우시길 기도합니다.

14일

세례
Taufe

세례는 사람이 아니라, 예수 그리스도께서 베푸시는 것입니다. 세례는 오직 은혜롭게 부르시는 예수 그리스도의 뜻에 근거하고 있습니다. 세례란 침례를 받는 것을 의미하며, 그리스도의 부르심을 받아들이는 것입니다. 세례를 받음으로써 그 사람은 예수 그리스도의 소유가 됩니다. (…) 이제 그는 세상의 지배에서 벗어나, 그리스도의 소유가 됩니다. 이처럼 세례는 단절을 의미합니다. 그리스도께서 그를 사탄의 세력권에서 빼앗아 온 것입니다. 그리스도께서는 그에게 속한 사람들 위에 손을 얹으시고, 그분의 교회를 세우십니다. (…) 세례를 받은 사람은 이제 세상에 속해 있지 않으며, 더 이상 세상을 섬기지 않습니다. 다시는 세상에 굴복하지 않습니다. 그는 그리스도께만 속하고, 그리스도를 통해서만 세상과 관계를 맺습니다. 세상과의 단절은 철저한 단절입니다. 그것은 그 사람의 죽음을 요구하며, 또 그 사람이 죽도록 역사합니다. 세례를 받을 때, 그 사람은 그의 옛 세상과 함께 죽은 것입니다. (…) 세례를 통한 죽음은 죄로부터 의롭게 되는 것입니다. 죄로부터 벗어나기 위해서, 죄인은 죽어야만 합니다. (…) 죄는 죽은 사람에게는 어떤 권리도 행사하지 못합니다. 죄의 청구권은 그 사람의 죽음과 동시에 청산되고 소멸됩니다. (…) 세례와 그 선물은 일회적인 것입니다. 아무도 그리스도의 세례를 두 번 받을 수 없습니다. (…) 그리스도께서 단 한 번 죽으심으로 그분의 희생이 반복될 수 없듯이, 세례를 받는 사람도 그리스도와 연합하여 단 한 번 죽음을 경험합니다. 이제 그는 죽은 몸입니다. 그리스도인이 날마다 겪게 되는 죽음은, 그가 세례를 받으면서 경험한 죽음의 결과일 뿐입니다. 이것은 뿌리가 잘려 나가고 나면, 그것이 나무의 죽음으로 이어지는 것과 같은 이치입니다. (…) 어린아이에게 세례를 베푸는 것은 단 한 번 이루어진 구원 행위를 믿고 반복해서 기억하도록 하는 일이 보장될 때만 가능합니다. 다시 말해, 살아 있는 교회 공동체에서만 세례를 시행할 수 있습니다. 교회 공동체 없이 아이들에게 세례를 베푸는 것은 성례전의 남용이며, 어린 자녀들의 영혼 구원을 경솔하게 다루는 행위로서 비난받아 마땅합니다. 왜냐하면, 세례는 반복될 수 없기 때문입니다.

『나를 따르라』, DBW 4, 221-226

"무릇 그리스도 예수와 합하여 세례를 받은 우리는 그의 죽으심과 합하여 세례를 받은 줄을 알지 못하느냐 그러므로 우리가 그의 죽으심과 합하여 세례를 받음으로 그와 함께 장사되었나니 이는 아버지의 영광으로 말미암아 그리스도를 죽은 자 가운데서 살리심과 같이 우리로 또한 새 생명 가운데서 행하게 하려 함이라 (...) 우리가 알거니와 우리의 옛 사람이 예수와 함께 십자가에 못 박힌 것은 죄의 몸이 죽어 다시는 우리가 죄에게 종 노릇 하지 아니하려 함이니"

(롬 6:3-4, 6)

본회퍼는 그의 박사논문 『성도의 교제』^{Sanctorum Communio}에서 이미 '세례'를 주제로 다루었습니다. 거기서 본회퍼는 어린아이들의 세례에 대해서도 구체적으로 언급하고 있습니다. 아이에게 세례를 베풀 때, 하나님은 그 아이가 세례식과 함께 교회 공동체의 일원이 되도록 하십니다. 교회가 미성년자인 아이들을 마치 어머니처럼 감당하는 것은, 아이들이 교회와 관계를 맺는 데 있어 중요합니다. 일반적으로 이러한 결속력이 강하다면 국민교회^{Vokskirche}에 관해서 말할 수 있고, 다른 경우에는 선교교회^{Missionskirche}에 관해서 말해야만 합니다(DBW 1, 164 이하). 본회퍼는 『나를 따르라』에서도 세례에 관한 주제를 다루고 있는데, 관점의 변화가 엿보입니다. 그는 세례가 하나님의 행하심에 근거하고 있으며, 세례는 한 사람이 하나님에게 매이는 것이라고 말합니다. 또한 하나님의 소유가 되는 것이라고 말합니다. 복음서들은 제자의 모습을 예수님을 따르는 삶으로 보여 주고 있습니다. 그와는 달리, 사도 바울은 예수님에 대한 세례자의 관계가 어떠해야 하는지를 보여 주고 있습니다. 세례를 받은 사람은 예수님의 제자로 살며, 예수님을 따르도록 부르심을 받은 것입니다. 여기서 본회퍼는 사도 바울이 로마서 6장에서 세례에 대해 말하는 것과 같은 의미로 이해하고 있습니다. '시민들의' 세례식은 하나님의 보호와 축복에 대한 확증으로 이해되곤 합니다. 반면, 본회퍼는 그리스도와 함께 죽고 부활한다는 측면에 강조점을 두고 있습니다. 세례가 그리스도와의 결합이라면, 그것은 바로 세상과의 단절을 의미하는 것입니다. 또한 사탄과 죄의 세력권에서 벗어나서, 사탄과 죄의 지배를 받지 않고 그리스도께서 다스리시는 삶을 사는 것입니다. 본회퍼는 이것을 사도 바울과 함께 "감내하는 것Erleiden"으로 이해합니다. 이러한 "요구Zumutung"는 "소속감Zugehören"에 상응하는 것이기도 합니다. 루터가 그랬듯, 세례자는 "나는 세례를 받았다"고 말하면서, 그가 겪는 시련 속에서 위로를 경험할 수 있습니다.

• 질문

1. 우리 교회는 세례식을 할 때 어디에 강조점을 두고 있습니까? 세례는 확증의 의미가 큽니까, 아니면 도전의 의미도 있습니까?
2. 세례를 받을 때, 나는 제자가 되어 그분을 따르도록 요청하시는 예수님의 부르심으로 이해하고 있습니까?
3. 세례 받은 그리스도인으로서 자신이 날마다 죽는다는 사실에 대해, 나는 구체적으로 어떻게 이해하고 있습니까? 또한 예수 그리스도와 함께 부활한다는 사실은 어떤 의미를 가집니까? 그리스도는 나의 삶의 어떤 부분에서 더 강하게 각인되어야 하겠습니까?

• 감사와 기도

1. 저는 세례를 통해 예수 그리스도에게 속하게 된 것을 감사합니다. 또한 예수님과의 관계성 속에 살아가며, 그분을 따르는 삶을 살도록 부르신 것을 감사합니다.
2. 내가 매여 있는 것들이나 상상하는 것들, 삶의 계획들에서 죽어도 되는 것이 무엇인지, 그와 동시에 새로운 것이 생겨날 수 있는지 구체적으로 보여 주시기를 기도합니다.

15일

죄 고백
Beichten

형제는 하나님의 진리와 은혜의 표지로서 우리 앞에 서 있습니다. 하나님은 우리를 돕기 위해 형제를 주셨습니다. 형제는 그리스도를 대신하여 우리의 죄 고백을 듣고, 그리스도를 대신하여 우리 죄를 용서해 줍니다. 그는 하나님이 그러하시듯, 우리가 털어놓은 죄 고백의 비밀을 지켜 줍니다. 그러므로 우리가 형제에게 죄를 고백하러 가는 것은, 곧 하나님께 나아가는 것과 같습니다. (…) 죄를 고백하는 가운데 "성도의 교제를 위한 돌파^{Durchbruch} $^{zur\ Gemeinschaft}$"가 이루어집니다. 죄는 인간과 홀로 있기를 원합니다. 죄는 인간이 성도 간의 사귐에서 멀어지게 합니다. 그리고 인간이 외로워질수록 죄의 권세는 더욱 파괴적이 됩니다. 그뿐 아니라 인간이 죄 속으로 더 깊이 빠져들어 갈수록, 외로움은 더욱더 절망적이 됩니다. 죄는 드러나지 않고, 숨어 있기를 원합니다. 죄는 빛을 두려워합니다. 그리고 말로 드러나지 않은 흑암 속에서, 죄는 인간의 전 존재를 파괴해 버립니다. 이러한 일이 경건한 공동체 한복판에서 일어날 수 있습니다. 그러나 죄 고백을 하게 되면, 복음의 빛이 어둠 속 깊이 닫혀 있던 마음속으로 뚫고 들어갑니다. 그리고 죄는 빛 가운데 밝히 드러나고 맙니다. 말하지 않고 숨겨져 있던 것이 공개적으로 말해지고 알려집니다. 모든 비밀과 감추인 것들이 이제 백주에 드러납니다. 죄를 인정하고 입술로 고백하기까지 치열한 싸움이 벌어집니다. (…) 그리스도인 형제의 얼굴을 대면하여 죄를 고백하는 가운데, 자기 정당화의 마지막 아성이 무너져 내립니다. 죄인은 자기 자신을 내어 드리며, 자신의 모든 죄악을 내려놓고, 하나님께 그의 마음을 드리게 됩니다. 그리고 예수 그리스도와 형제들과의 사귐 속에서, 그의 모든 죄가 용서된 것을 발견하게 됩니다. 말해지고 알려진 죄는 모든 힘을 잃어버립니다. 죄는 죄로 드러나서 심판을 받은 것입니다. 이제 죄가 더 이상 성도 간의 사귐을 파괴할 수 없습니다.

『성도의 공동생활』, DBW 5, 94 이하

_____

_____

_____

_____

"그러므로 너희 죄를 서로 고백하며 병이 낫기를 위하여 서로 기도하라 의인의 간구는 역사하는 힘이 큼이니라"

(약 5:16)

제2차 세계대전이 끝난 후 개신교회에서는 개인의 죄 고백에 대한 재발견이 이루어졌습니다. 개신교회에서 죄 고백을 실천하게 된 것은 디트리히 본회퍼와 깊은 연관성이 있습니다. 그의 저서 『성도의 공동생활』에 기록된 죄 고백 사상은 설교자 학교(1935/37) 학장으로 지냈던 본회퍼의 경험에로 거슬러 올라갑니다.

핑켄발데는 젊은 신학자들이 서로에게 죄를 고백하는 것이 습관이 되었습니다. 본회퍼 자신도 예외가 아니었습니다. 당시 그러한 죄 고백은 거의 혁명적인 실습이었습니다. 죄 고백이 점차 자리잡게 되었을 때, 그것은 공동체를 특징 짓는 결정적인 역할을 담당했습니다. 죄 고백에 대한 본회퍼의 이해는 마틴 루터와 강하게 잇닿아 있습니다. 구체적인 죄를 고백하는 것과 죄 고백을 듣는 사람이 죄를 고백한 사람에게 죄 없다고 선언하는 것에 무게를 둔다는 점에서 그랬습니다. 본회퍼는 원칙적으로 모든 그리스도인이 죄 고백을 듣는 자가 될 수 있다고 강조했습니다. 그 사람이 자기가 들은 죄에 대해 침묵할 수 있어야 한다는 것이 유일한 전제 조건이었습니다. 죄 고백의 형식은 그러한 대화가 예배의식을 거행하는 것처럼 되지 않도록 주의하는 것이었습니다. 본회퍼는 죄 고백을 할 때,

십계명을 거울로 삼도록 추천하고 있습니다. 동시에 죄 고백은 언제나 자율적으로 이루어져야 하며, 무거운 율법이 되어서는 안 됩니다. 죄 고백은 내면에 깊은 기쁨을 안겨 주는 선물입니다. 죄 고백을 듣는 사람은 예수 그리스도를 대신하여 그 자리에 있습니다. 그가 선언하는 용서는 그리스도가 내리는 판결로 간주됩니다. 죄를 고백하는 사람은 자기 자신의 고립에서 해방됩니다. 죄가 빛으로 나오면 죄의 권세는 깨어지고 맙니다. 그리하여 죄인들 사이에 성도의 사귐이 힘을 얻게 됩니다.

• 질문

1. 죄 고백에 대한 생각을 하면, 가슴을 죄는 듯한 압박감이 생깁니까? 아니면 벅찬 기쁨으로 부풀어 오릅니까?
2. 믿음의 형제자매에게 죄 고백을 하는 것을 어떻게 생각합니까?
3. 죄 고백에 대해서 좋은 경험을 한 적이 있습니까?

• 감사와 기도

1. 죄 고백을 할 수 있는 선물과 하나님께로부터 오는 용서로 인해 감사합니다.
2. 마음을 열 수 있는 믿음의 형제자매를 주신 것을 감사합니다.
3. 내가 잘못을 범할 때, 나 자신을 발견하고 죄를 인식할 수 있도록 도우시기를 기도합니다.
4. 나의 죄와 함께 어둠 속에 홀로 있지 않도록 용기를 주시길 기도합니다.
5. 영혼을 돌보는 교회, 죄 고백을 하는 교회 공동체를 위해 기도합니다.

16일

성찬
Abendmahl

성찬을 나누는 날은 그리스도인 공동체에 허락된 참으로 기쁜 날입니다. 하나님과 형제들과 더불어 마음으로부터 화해하면서, 교회는 예수 그리스도의 몸과 피의 은혜를 받습니다. 예수 그리스도의 몸과 피의 은혜 안에서 그리스도인 공동체는 용서와 새 생명, 행복을 받아 누립니다. 하나님과 사람과의 새로운 사귐이 그리스도인 공동체에 선사됩니다. 거룩한 성찬의 교제는 그리스도인 공동체의 완성 그 자체입니다. 교회 지체들이 주님의 식탁에서 주님의 몸과 피로 하나가 되듯, 그들은 영원히 함께 있을 것입니다. 여기서 교회 공동체는 목적에 이르게 됩니다. 여기서 그리스도에 대한 기쁨과 그분의 교회에 대한 기쁨이 완전해집니다. 말씀 아래 함께하는 성도의 공동생활은 성례에서 성취됩니다.

『성도의 공동생활』, DBW 5, 102

"곧 주 예수께서 잡히시던 밤에 떡을 가지사 축사하시고 떼어 이르시되 이것은 너희를 위하는 내 몸이니 이것을 행하여 나를 기념하라 하시고 식후에 또한 그와 같이 잔을 가지시고 이르시되 이 잔은 내 피로 세운 새 언약이니 이것을 행하여 마실 때마다 나를 기념하라 하셨으니 너희가 이 떡을 먹으며 이 잔을 마실 때마다 주의 죽으심을 그가 오실 때까지 전하는 것이니라"

(고전 11:23b-26)

본회퍼는 성만찬에 대해 숙고하면서, 그의 저서『성도의 공동생활』을 종결짓고 있습니다. 이것은 우연이 아닙니다. 왜냐하면 그에게는 성도의 공동생활이 성만찬을 통해, 주님의 식탁에서 주님을 영접함으로써 완성된다는 확신이 있었기 때문입니다. 성찬은 다양한 측면에서 말해질 수 있습니다. 즉, 주님에 대한 기념, 죄 용서, 감사, 새 힘을 얻는 것, 능력이 부여되는 것, 성도의 교제, 소망이 있습니다. 그 무엇보다도 본회퍼는 하나님과 사람들의 새로운 교제의 측면을 강조합니다. 다시 말해, 죄의 용서 및 하나님과 믿는 자들의 영원한 교제에 대한 소망을 강조합니다. 이미 죄 고백에서 강조했듯, 성만찬 역시 기쁨으로 행해지는 성례라는 사실이 핵심입니다. 본회퍼는 죄 고백과 성만찬을 밀접하게 연관된 것으로 간주합니다. 죄 고백은 성만찬을 준비하는 단계로서 중요한 의미가 있습니다. 주님의 식탁에 나아오는 자는 모두 하나님과 인간 사이의 관계에서 화해를 추구해야 합니다. 또한 죄의 용서를 구해야 합니다.

본회퍼는 성만찬을 앞두고 이런 자세가 선행되어야 한다고 생각합니다. 성만찬을 나눌 때, 빵과 포도주의 요소는 성례를 위한 하나님 말씀이 선포됨과 동시에 예수 그리스도의 몸과 피가 됩니다. 성만찬을 받아 든 자는 살아 계신 주님을 받는 것이며, 그분의 말씀을 듣는 것입니다. 성찬을 받을 때, 예수님께서 친히 말씀하시며 행하고 계신 것입니다. 본회퍼는 1940년 2월 "거룩한 성찬식을 위한 신학적 숙고"(DBW 15, 548-553)에서 성만찬을 하나의 '예시Beispiel'로서 받아들이고 있습니다. 성만찬은 교회에서 예수님이 말씀하신 것과 행하신 것 외에 다른 아무것도 일어나지 않아야 하며, 그것만 타당하다는 것에 대한 예시라는 것입니다.

• 질문

1. 나는 성만찬을 "성도의 교제를 실현하는 방책"이라고 이해하고 있습니까?
2. 나는 성찬을 어떤 태도로 받으며, 무엇을 기대합니까?
3. 나는 교회에서 행해지는 성만찬의 모습에 대해 어떻게 느낍니까?
4. 내게 죄 고백과 성찬은 내적인 연관성이 있습니까? 그러한 연관성은 어떻게 표현됩니까?

• 감사와 기도

1. 예수 그리스도께서 성찬식에서 우리와 만나 주심을 감사합니다.
2. 그리스도인으로서 하나님에게서 받은 모든 것을 감사합니다.
3. 주님의 식탁에 함께 둘러 앉은 그리스도인들로 인해 감사합니다.
4. 성만찬에 대한 깊이 있는 영적 시각을 위해 기도합니다.
5. 내가 함께 살아가는 그리스도인들의 사귐이 성만찬을 통해 강화되기를 기도합니다.

17일

찬양
Singen

시편 기자는 거듭거듭 "새 노래로 여호와께 찬양하라"고 우리에게 요청하고 있습니다. 가정 공동체가 매일 아침 부르는 그리스도의 새 노래는 하늘과 땅의 모든 하나님의 교회가 부르는 새로운 노래입니다. 우리는 이 노래를 함께 부르도록 부르심 받은 자들입니다. 하나님은 유일하고 위대한 찬양 하나를 영원 속에 준비해 두셨는데, 하나님의 교회에 들어오는 사람은 누구든지 이 찬양을 함께 부릅니다. (⋯) 여기서 찬송하는 내용은 삼위일체 하나님과 그분의 업적입니다. 땅에서 울려 퍼지는 노래는 하늘에서 울려 퍼지는 노래와 다릅니다. 땅에서는 믿는 자들의 노래지만, 하늘에서는 바라보는 자들의 노래입니다. 땅에서는 가련한 인간의 말로 부르는 노래지만, 하늘에서는 사람이 표현할 수 없는 말로 부르는 노래입니다(고후 12:4). (⋯) 새 노래는 우선 마음에서 우러나오는 노래입니다. 새 노래는 마음으로가 아니고는 도무지 부를 수 없는 노래입니다. 마음이 그리스도로 충만하게 채워져 있기에, 마음이 노래하는 것입니다. 그러므로 교회에서 부르는 모든 찬양은 영적인 찬양입니다. (⋯) 마음이 함께 찬양하지 않고 있다면, 거기에는 단지 인간의 자기 칭송이라는 불쾌한 혼란이 있을 뿐입니다. 주님을 찬양하지 않고 있다면, 그것은 자기 자신에게 또는 음악 자체에게 영광을 돌리고 있는 것입니다. 결국 그 노래는 우상에게 바쳐지는 노래가 되어 버립니다. (…) 우리가 함께 부르는 찬양에서 들려지는 것은 교회의 소리입니다. 내가 노래하는 것이 아니라, 교회가 노래하는 것입니다. 나는 교회의 지체로서 교회의 찬양에 참여하고 있는 것입니다. 그러므로 올바르게 부른 모든 공동 찬양은 우리의 영적 시야를 넓혀 주고, 우리로 하여금 우리의 작은 공동체를 지상에 있는 거대한 기독교의 한 지체로 인식하게 해 줍니다. 우리의 찬송 실력이 부족하든 훌륭하든 아무 거리낌 없이 기뻐하며 교회가 부르는 찬송의 대열에 서게 합니다.

『성도의 공동생활』, DBW 5, 49-53

_____

_____

_____

_____

"이 때에 모세와 이스라엘 자손이 이 노래로 여호와께 노래하니 일렀으되 내가 여호와를 찬송하리니 그는 높고 영화로우심이요 말과 그 탄 자를 바다에 던지셨음이로다 여호와는 나의 힘이요 노래시며 나의 구원이시로다 그는 나의 하나님이시니 내가 그를 찬송할 것이요 내 아버지의 하나님이시니 내가 그를 높이리로다"

(출 15:1, 2)

디트리히 본회퍼의 인생에서 음악이 차지하는 비중은 참으로 컸습니다. 그는 열 살때 모짜르트의 소나타를 훌륭하게 연주할 정도로, 재능 있는 피아노 연주가였습니다. 가정에서 열리곤 하던 저녁 음악회는 본회퍼의 어린 시절과 청소년 시절을 각인했습니다. 본회퍼는 신학을 공부하기 전에, 이미 음악적으로 재능이 있던 다른 형제자매들을 훨씬 능가하였습니다. 본회퍼의 가족은 한동안 본회퍼가 전적으로 음악에 헌신해야 하지 않을까 심각하게 숙고했습니다. 본회퍼가 런던과 핑켄발데로 이동할 때도 그의 피아노는 함께 동행하였습니다. 그는 자신이 소장한 엄청난 양의 음반들을 기꺼이 다른 사람들과 함께 나누었습니다. 그가 뉴욕에 있을 때는 아메리카의 복음송에 매료되었습니다. 본회퍼는 음악을 즐겼고, 기쁜 마음으로 새로운 음악 세계를 발견해 나갔습니다.

본회퍼는 음악에 대해 열정적이었습니다. 더 나아가 음악이 하나님의 선물이며, 중요한 영적인 의미가 있음을 강조했

습니다. 하나님을 칭송하는 찬양은 그에게 하나의 삶의 태도
이기도 했습니다. 그에게 찬양은 전 인격적으로 드려지는 것
이어야 했고, 우리의 전 존재를 결정짓는 것이어야 했습니다.
동시에 그는 교회 공동체의 찬양이 성도의 교제를 이룬다는
사실에 주목했습니다. 여기 땅에서 찬양하는 것은 천상의 찬
양에 참여하는 것과 다를 바가 없는 것입니다. 즉, 예배때 부
르는 찬양은 천상의 찬양을 함께 부르는 것과도 같습니다. 각
개인으로서 또는 교회 공동체로서 우리가 부르는 찬양들은,
우리가 만들어서 부른다기 보다 천상에서 부르는 찬양의 문
을 열고 들어가는 것이라고 표현하는 것이 더 정확할 것입니
다. 그러므로 하나님께 드려지는 영광의 찬송이 수천년 동안
울려 퍼지고 있는 것입니다. 그 찬양은 우리 삶과 태도를 각인
하기를 원합니다. 하나님의 영은 인간의 마음을 찬송으로 채
우셔서, 그 찬송이 외부로 표출되게 하십니다. 여기서 본회퍼
는 사람들이 자기 자신이나 음악 자체를 위해 노래할 수도 있
고, 하나님의 영광을 위해 찬송할 수도 있음을 깨달았습니다.

• 질문

1. 음악과 찬양은 나의 삶에서 어떤 역할을 하고 있습니까? 교회에서 함께 하나님을 찬양하는 가운데, 나는 어떤 경험을 하였습니까?
2. 찬송에 대한 본회퍼의 논점과 강조가 "마음의 절실한 기도제목"으로서 교회 공동체의 각종 형식 문제에 관한 논쟁을 완화할 수 있을까요?

• 감사와 기도

1. 음악과 찬송이라는 훌륭한 선물을 주신 것을 감사합니다.
2. 우리가 사는 땅에서도 하늘에서 드려지는 하나님에 대한 찬송에 참여할 수 있음을 감사합니다.
3. 나의 교회나 공동체가 하나님께 드리는 찬송이 풍성해지기를 기도합니다.
4. 힘 있고, 확고하며, 성령충만한 다성의 "교회 찬송"을 위해 기도합니다.

18일

침묵
Schweigen

성도의 교제가 가진 특징이 말이라면, 고독의 특징은 침묵입니다. 홀로 있음과 사귐이 그러하듯, 침묵과 말은 다르면서도 내적으로 연결되어 있습니다. 어느 한쪽도 다른 한쪽 없이 존재할 수 없습니다. 올바른 말은 침묵에서 나오며, 올바른 침묵은 말에서 나옵니다. (…) 그리스도인의 하루는 성경 말씀을 위한 시간이 정해져 있습니다. 특히 함께 말씀을 묵상하는 시간과 기도의 시간이 있습니다. 이와 마찬가지로 그리스도인의 하루는 말씀 아래, 말씀으로 인해 침묵하는 일정한 시간도 필요합니다. 이러한 침묵의 시간은 무엇보다도 말씀을 듣기 전이나 말씀을 들은 후의 시간이 좋을 것입니다. 말씀은 소란스럽지 않고, 조용히 침묵하는 사람들에게 들립니다. 그러므로 성전의 고요함은 그분의 말씀 안에 계신 하나님의 거룩한 임재의 표지입니다. (…) 우리는 하루의 이른 아침에 침묵합니다. 그 이유는 하나님께서 첫 말씀을 하시도록 해야 하기 때문입니다. 우리가 잠자리에 들기 전에 침묵하는 것은, 마지막 말씀도 하나님께 속한 것이기 때문입니다. (…) 침묵이란 결국 하나님의 말씀을 기다리는 것입니다. 그리고 하나님의 말씀으로 축복을 받은 후, 그 자리에서 일어서는 것입니다. 잡담이 판치는 시대에 침묵을 배우는 것이 필요하다는 사실을 모르는 사람은 없을 것입니다. (⋯) 말씀 앞에서의 침묵은 하루 종일 영향을 미칩니다. 우리가 말씀 앞에서 침묵하는 법을 터득했다면, 침묵과 말로 하루를 살아가는 법도 배우게 될 것입니다. (⋯) 잠잠히 침묵하는 것은 투명해지고 정화되며 본질적인 것에 집중하도록 하는 놀라운 힘이 있습니다. 세상도 그것을 벌써부터 순전한 진리로 받아들이고 있습니다. 말씀 앞에서의 침묵은 우리로 하여금 올바로 들을 수 있도록 합니다. 그리하여 하나님의 말씀을 때에 맞게 올바로 말할 수 있게 합니다. 또 불필요한 말들은 하지 않도록 합니다. 사실 본질적이며 도움이 되는 말은 몇 마디만으로 충분할 것입니다.

『성도의 공동생활』, DBW 5, 67 이하

"네 길을 여호와께 맡기라 그를 의지하면 그가 이루시고 네 의를 빛 같이 나타내시며 네 공의를 정오의 빛 같이 하시리로다 여호와 앞에 잠잠하고 참고 기다리라"

(시 37:5-7a)

　본회퍼의 저서 『성도의 공동생활』은 제1장 '성도의 교제'를 시작으로 '함께하는 날'과 '홀로 있는 날'도 이어집니다. '홀로 있는 날'을 다룬 장에서 본회퍼는 침묵에 관해 말하고 있습니다. 그는 침묵으로부터 큰 힘이 나온다고 말합니다. 그 이유는 침묵이 단순히 아무 말 없이 조용히 있는 것을 의미하지 않기 때문입니다. 침묵은 하나님의 말씀을 향해 내적으로나 외적으로 집중하는 자세를 말합니다. 이렇게 자격을 갖춘 침묵은 의로운 삶을 살아가는 것으로 나타납니다. 본회퍼는 그리스도인이 하나님에게서 받은 것에 의지하여 살아가는 사람들임을 분명히 하고 있습니다. 그것은 아무 일도 하지 않아도 된다는 말이 아닙니다. 그것은 하나님 앞에 잠잠할 때, 올바른 말과 행동에 꼭 필요한 능력과 영적 무장이 갖추어진다는 통찰에서 나온 것입니다.

　본회퍼는 "말은 은이고, 침묵은 금이다"라는 격언에 따라 취사선택을 하라고 말하고 있지 않습니다. 그는 침묵과 듣는 것, 말하는 것의 상호작용에 대해 말하고 있습니다. 핑켄발데 설교자 학교에서는 아침과 저녁에 침묵하는 규율이 정해져 있었습니다. 밤의 고요함이 지난 후, 목사 후보생들은 아침 기도회 시간까지 침묵하였습니다. 날마다 말씀하시는 하나님의 말씀이 첫자리에 와야 했기 때문입니다. 아침 식사 후에는 다시 침묵의 시간이 이어졌습니다. 그것은 침묵하면서 성경 본문을 조용히 묵상하기 위함이었습니다. 밤의 고요함을 맞이하는 저녁 기도회 시간에는 하나님께서 하루의 마지막 말씀을 하시도록 침묵하였습니다.

• 질문

1. 나는 지금까지 소원을 품고 조용한 시간을 가지면서 어떤 경험을 하였습니까?
2. 핑켄발데의 특수 상황과는 다른 곳에서 본회퍼의 권고는 어떻게 적용될 수 있을까요?
3. 나는 침묵 가운데 하나님과의 만남을 기대합니까? 또 조용히 하나님의 말씀을 연구하면서 하나님과의 만남을 기대하고 있습니까?

• 감사와 기도

1. 조용한 시간에 우리에게 말씀하시는 하나님의 약속에 대해 감사합니다.
2. 제가 조용한 시간을 갖고자 의식적으로 애쓰며 침묵할 때, 저의 내면이 고요해지기를 기도합니다.
3. 침묵과 말, 듣는 것과 행함이 상호작용하도록 질서 있는 삶의 양식을 위해 기도합니다.

19일

원수들
Feinde

신약성경에서 원수는 언제나 나에게 적대적인 사람입니다. 예수님은 제자들이 누군가에게 원수가 될 수 있다고는 전혀 생각하지 않습니다. 예수님을 따르는 자는 형제자매처럼 원수도 사랑해야 하기 때문입니다. 제자의 행동은 타인의 행동에 의해 규정되어서는 안 됩니다. 제자의 행동은 예수님이 그를 어떻게 대하셨는지에 따라 규정되어야 합니다. 즉 그에 대한 예수님의 행동에 의해 규정되어야 합니다. 그러므로 제자의 행동은 오직 하나의 원천에서 나오게 되는데, 그것은 예수님의 뜻입니다. 여기서 말하는 원수는 내 사랑에 꿈쩍도 하지 않고, 여전히 원수로 머물러 있는 자입니다. 내가 그의 모든 죄를 용서해도, 나의 잘못은 용서하지 않는 자입니다. 내가 그를 사랑해도, 여전히 나를 미워하는 자입니다. 내가 그를 진지한 마음으로 섬길수록, 나를 더욱 모욕적으로 대하는 자입니다. (…) 정치적으로 원수든, 종교적으로 원수든, 그는 예수님을 따르는 자로부터 온전한 사랑을 받아야 하는 사람일 뿐입니다. 내 안에서도 이 사랑은 사적인 경우든 공적인 직무를 수행하는 경우든 도무지 분열을 모릅니다. 나는 이 두 가지 경우 모두 오직 동일하게 행할 수

밖에 없습니다. 그렇지 않다면, 나는 전혀 예수 그리스도를 따르는 자가 아닐 것입니다. (…) 예수님은 우리가 사랑하고 축복하고 선대하는 원수가 우리를 모욕하거나 박해하는 일이 없을 것이라고 약속하지 않으십니다. 원수는 우리를 모욕하고 박해할 것입니다. 그러나 우리가 중보기도 속에서 끝까지 그에게 다가간다면, 그는 우리를 해치거나 이기지 못할 것입니다. 이제 우리는 그의 곤경과 빈곤, 그의 죄책과 외로움을 우리 등에 짊어지고, 그를 위해 하나님 앞으로 나아가게 됩니다. 우리는 그가 할 수 없는 그 일을 대신하여 수행합니다. (…) 예수 그리스도의 십자가의 길 앞에서 제자들은 자신들도 예수 그리스도의 원수였음을 알게 됩니다. 제자들은 원수되었던 자신들이 예수님의 사랑으로 극복되었다는 사실을 알게 됩니다. 이 사랑은 제자들이 원수를 형제로 바라보는 눈을 뜨게 하고, 형제자매처럼 대하도록 만듭니다. 왜 그렇습니까? 왜냐하면 그는 다만 원수였던 자신을 영접하셔서 형제처럼 대해 주시고, 이웃처럼 친교를 맺게 하신 분의 사랑에 의해서 살아가기 때문입니다.

『나를 따르라』, DBW 4, 142-144

"또 네 이웃을 사랑하고 네 원수를 미워하라 하였다는 것을 너희가 들었으나 나는 너희에게 이르노니 너희 원수를 사랑하며 너희를 박해하는 자를 위하여 기도하라 이같이 한즉 하늘에 계신 너희 아버지의 아들이 되리니 이는 하나님이 그 해를 악인과 선인에게 비추시며 비를 의로운 자와 불의한 자에게 내려주심이라"

(마 5:43-45)

"교회 투쟁" 시기에 본회퍼와 그 친구들의 원수들은 우선 1932년 창설된 "독일 기독교인 신앙운동^{Glaubensbewegung Deutsche Christen}"이라는 단체의 추종자들이었습니다. 동시에 그들은 본회퍼의 종교적 정치적 대적자들이기도 했습니다. 왜냐하면 그들은 기독교회 안에 국가사회주의 이데올로기를 들여와서 사교를 조장하는 분위기를 조성하려고 했기 때문입니다. 본회퍼는 이러한 원수들을 어떻게 대했을까요? 본회퍼는 자신에 대한 적대감으로 행해지는 불이익을 피부로 느낄 수 있었습니다. 그러나 본회퍼 자신은 이러한 문제를 철저히 객관적으로 논쟁하였습니다. 그랬기에 그는 1933년 8월 교회에 수용된 반유대주의와 국가의 "아리안 파라그라프"[1]를 날카롭게 비판하였습니다.

본회퍼는 원수 사랑을 마태복음 5장 47절과 연결시키면서 "비범한 것", 그리스도인의 존재에 있어 특별한 것으로 묘사하고 있습니다. 그는 자신이 참고한 성경주석을 따르면서, 구약 성경 어디에도 원수 증오에 대한 계명은 없다는 것을 강조하고 있습니다. 그는 이러한 예수님의 말씀을 "하나님 백성의 세상에 대한 적대감"(DBW 4, 141)과 연관지어 말하고 있습니다. 본회퍼는 원수에 대한 승리는 궁극적으로 오직 원수 사랑을 통해서만 가능하다고 생각하고 있습니다. 이것은 증오와 복수를 꾀하는 자연스러운 인간 본능을 거스르는 것입니다. 그러나 결정적인 연결점이 있는데, 그것은 예수님이 원수 사랑을 명하셨다는 사실입니다. 내가 오직 예수님의 계명에 방향을 맞추고 있다면, 원수 사랑은 단순하면서도 간단하게 실행됩니다. 그러면 그러한 사랑은 급진적 이웃 사랑으로서, 이웃이 나의 친구인지 원수인지를 상관하지 않습니다. 또한 그 사랑은 원수가 나의 관심에 반응해서, 나에 대한 그의 태도가 변하든 변하지 않든 상관하지 않습니다. 그렇습니다. 그 사랑은 심지어 내가 용서할 수 있다고 느끼거나, 아니면 그렇지 않다고 느끼는 것과도 무관합니다. 국가사회주의자들의 공포정치가 계속되면서, 본회퍼는 원수를 힘으로 넘어뜨리는 것, "독재자에 대한 살인"을 윤리적으로 정당화할 수 있는지에 대해 고민하였습니다. 그리고 그러한 "마지막 수단"은 하나님 앞에서 죄책이 있다는 점을 시사하고 있습니다. 이로써 원수 사랑에 대한 계명을 근본적으로 무효화시키지 않아야 함을 암시하고 있습니다.

원수 사랑에 대한 가장 깊은 이유를 본회퍼는 예수 그리스도께서 가신 길에서 찾습니다. 예수님은 우리를 대신하여 십자가에서 죽으셨고, 우리를 받아들이셨습니다. 이로써 그분편에서 일방적으로 우리와 그분 사이에 존재하는 적대감을 깨뜨려 버리셨습니다. 이러한 사랑에 붙들린 예수님의 제자는 사랑으로 원수를 극복하는 길 외에는 아무 것도 할 수 없는 사람입니다. 원수 사랑은 결코 쉬운 것이 아니며, 오직 예수 그리스도의 사역에 시선을 고정시킬 때에만 가능할 것입니다.

• 질문

1. 나에 대한 적대감이 나타나는 곳은 어디입니까? 그리고 누구에
   의해 나타납니까? 나는 그러한 적대감을 어떻게 경험합니까?
2. 나는 원수를 위해 기도할 준비가 되어 있습니까? 나는 그를 예수
   님 때문에 용서할 수 있습니까? 그러한 용서가 머리에서 내려와
   가슴에 이르게 되리라는 것을 믿습니까?
3. 용서와 화해는 어떤 차이가 있습니까?

• 감사와 기도

1. 은혜로 말미암아 값없이 주신 하나님의 사랑과 구원을 감사합니다.
2. 용서의 능력과 상처의 내적 치유를 위해 기도합니다.

20일
보복
Vergeltung

소위 말하는 보복의 시편은 다른 어떤 시편보다 오늘날 우리를 아주 곤혹스럽게 합니다. 그런데 놀랍도록 빈번하게 이러한 보복 사상이 시편 전체를 관통하고 있음을 알 수 있습니다. 여기서 시편으로 기도하려는 모든 시도는 실패할 수밖에 없습니다. (…) 그리스도는 십자가 위에서 그의 원수들을 위해 기도하셨고, 우리에게도 그렇게 기도하도록 가르치셨습니다. 그런데 어떻게 원수에 대한 하나님의 보복을 바라는 시편으로 기도할 수 있겠습니까? (…) 여기서 말하는 원수들은 하나님의 일에 적대적인 원수들, 곧 하나님의 뜻을 위해 일하는 우리를 공격하는 원수들을 의미합니다. 말하자면, 그 어디서도 사적인 다툼에 관한 것을 말하고 있지 않습니다. 시편의 기도자는 그 어디서도 자기 손으로 직접 보복하려고 하지 않습니다. 그는 보복을 하나님에게 전적으로 맡겨 버립니다. 그렇게 함으로써 그 자신은 보복에 대한 모든 사적인 생각을 떨쳐 버리는 것입니다. 자기가 직접 보복하고 싶은 갈망을 벗어 던지는 것입니다. 그렇지 않다면, 그는 보복을 하나님께 진지하게 맡겨드린 것이 아닐 것입니다. 그렇습니다. 단지 원수에 대해 무죄한 사람만이 보복을 하나님 손에 맡길 수 있습니다. 하나님의 보복을 바라는 기도는, 죄를 심판하실 때 그분의 정의가 집행되길 바라는 기도입니다. 하나님이 그분의 말씀에 책임을 지신다면, 이러한 심판은 집행되어야 합니다. 그리고 그에 해당하는 자는 심판을 받아야 합니다. 나 자신도 죄로 인해 이러한 심판 아래 있습니다. 나는 이 심판을 저지할 권리가 없습니다. 이 심판은 하나님의 뜻을 위해 성취되어야 하는데, 그것이 놀라운 방법으로 성취되었습니다. 하나님의 보복은 죄인에게가 아니라, 유일하게 죄가 없으신 분, 하나님의 아들에게 행해졌습니다. 하나님의 아들이 죄인의 자리에 대신 서셨습니다. 예수 그리스도께서 하나님의 보복을 담당하셨습니다. 시편에서 보복을 위해 간구했던 일이 예수님에게 집행되었습니다. (…) 하나님은 원수를 미워하시면서, 유일한 의인에게 심판을 행하셨습니다. 그리고 예수님은 하나님의 원수를 용서해 주시도록 기도하셨습니다. 오직 예수 그리스도의 십자가에서 하나님의 사랑을 발견할 수 있습니다. 나 자신의 힘으로 하나님의 원수를 용서할 수 있는 것이 아니라, 오직 십자가에 못박히신 그리스도만이 하실 수 있습니다. 나는 그분을 통해 용서의 삶을 살 수 있습니다.

『시편, 성경 속의 기도서』, DBW 5, 128-130)

"하나님이여 주께서 반드시 악인을 죽이시리이다 피 흘리기를 즐기는 자들아 나를 떠날지어다 그들이 주를 대하여 악하게 말하며 주의 원수들이 주의 이름으로 헛되이 맹세하나이다 여호와여 내가 주를 미워하는 자들을 미워하지 아니하오며 주를 치러 일어나는 자들을 미워하지 아니하나이까 내가 그들을 심히 미워하니 그들은 나의 원수들이니이다 하나님이여 나를 살피사 내 마음을 아시며 나를 시험하사 내 뜻을 아옵소서 내게 무슨 악한 행위가 있나 보시고 나를 영원한 길로 인도하소서"

(시 139:19-24)

성경의 책들 중에서 시편은 그 다양성과 진실함으로 인해 매혹적입니다. 시편의 기도들은 모든 형식을 초월하여, 기도자의 마음 가장 깊은 밑바닥까지 들여다보고 있습니다. 넘치는 감사 속에서도 곤궁과 탄식이 하나님 앞에 쏟아집니다. 우리에게 특별히 어려운 것은 소위 말하는 보복의 시편들입니다. 보복의 시편에는 원수에 대한 증오 및 보복과 진멸에 대한 소원이 표출되고 있습니다. 성경에 나오는 폭력적인 표현에 민감하게 반응하는 사람은 여기서 내심 이렇게 기도해도 되는지 묻게 될 것입니다. 또 이러한 발언들을 도무지 어떤 식으로 대해야 할지 자문하게 될 것입니다. 찬양 악보를 만들 때에도 대개 걸림이 되는 이런 부분은 빼 버리곤 합니다. 그래서 많은 사랑을 받는 시편 139편에서 19-22절이 빠져 있는 것이 아쉬움을 느끼게 합니다(어쩌면 그렇게 느끼지 않을지도?). 여기서 본회퍼는 네 단계를 정확하게 들여다보면서 보복의 시편을 신학적으로 정리하고 있습니다. 첫째, 본회퍼는 보복의 시편이 하나님의 원수에 관한 것이며, 사적인 원한 관계를 다루고 있지 않는다는 사실에 주목합니다. 이러한 사실에 기초하여, 둘째는 기도자가 자기 손을 들어 원수를 갚으려고 하지 않는다는 것입니다. 기도자는 모든 것을 하나님께 맡기며, 자신의 보복심을 하나님 손에 올려 드립니다. 셋째, 본회퍼는 하나님이 정의롭게 심판하실 것이라고 상술하고 있습니다. 하나님의 진노는 죄에 대한 심판입니다. 그런데 하나님의 진노는 죄인이 아니라, 우리 죄를 담당하신 무죄하신 예수 그리스도에게 쏟아집니다. 원수는 오직 예수 그리스도를 통해서 그의 죄가 용서받을 수 있음을 인식해야 할 것입니다. 그러나 자신을 내어드린 기도자는 이러한 염려에서 해방되어 있습니다. 그 결과로 네번째 단계가 이루어집니다. 예수님이 하나님 앞에서 하나님의 원수들을 위해 용서를 구하셨기 때문에(눅 23:34), 우리도 예수님을 통해서 그렇게 해야만 한다는 것입니다. 그래서 보복과 보복의 악순환은 종지부를 찍게 됩니다. 폭력은 예수 그리스도의 십자가에 쏟아지고, 십자가에서 결정적으로 극복되는 것입니다.

• 질문

1. 내가 살고 있는 주변 환경에서 하나님에 대한 적대감이 어떻게 나타나고 있습니까?
2. 나는 그러한 적대감에 대해 어떻게 반응합니까? 보복에 대한 소원을 하나님께 맡길 수 있습니까?

• 감사와 기도

1. 보복을 자기 자신에게 집행하신 하나님의 은혜를 감사합니다.
2. 제가 예수 그리스도를 통하여 하나님의 원수들을 용서할 수 있기를 기도합니다.
3. 원수들이 돌이켜서 하나님과 화해하도록 기도합니다.

21일

비판
Richten

　사람들은 모이기만 하면, 서로 관찰하고 비판하며 분류하기 시작합니다. 이와 함께 그리스도인 공동체는 생성되는 순간부터 이미 눈에 보이지도 않고, 때로는 아예 자각하지도 못한 채 생사를 건 무시무시한 싸움 속으로 휘말려 들어갑니다. (…) 그러므로 모든 기독교 공동체는 생존을 위해 처음부터 이 위험한 원수를 예의주시하며 근절해 버려야 합니다. 여기서 허비할 시간이 없습니다. 그 이유는 인간은 첫 대면의 순간부터 타인에 대항하여 싸울 진지를 구축하고 물러서지 않으려고 하기 때문입니다. (…) 이것은 자기 정당화를 위한 자연스러운 인간의 투쟁입니다. 자연인은 자기의 정당성을 오직 타인과 비교하고, 타인을 판단하며, 심판하는 데서 찾으려 합니다. 자기 정당화와 비판은 은혜로 말미암는 칭의와 섬김이 그러하듯 하나의 짝을 이루고 있습니다. 우리가 악한 생각을 가장 효과적으로 극복하는 길은 그러한 생각을 전혀 말로 표현하지 않는 것입니다. (…) 그러므로 기독교 공동체 생활에서 각 개인이 형제에 대한 은밀한 말을 하지 않도록 금지하는 것은 아주 중요합니다. (…) 하나님은 타인을 내가 원하는 모습으로 만들지 않으셨습니다. 하나님께서 나에게 형제를 주신 것은 그를 지배하도록 하기 위함이 아닙니다. 하나님이 형제를 주신 것은 형제 너머에 계신 창조주를 발견하도록 하기 위해서입니다. (…) 하나님은 내게 좋아보이는 모습으로 타인을 뜯어 고치는 것을 원치 않으십니다. 하나님은 타인을 나 자신의 모습이 아닌, 하나님의 형상을 따라 지으셨습니다. 하나님은 타인을 내게서 자유로운 사람으로 지으셨습니다.

『성도의 공동생활』, DBW 5, 77-79

_____

_____

_____

_____

_____

"네가 어찌하여 네 형제를 비판하느냐 어찌하여 네 형제를 업신여기느냐 우리가 다 하나님의 심판대 앞에 서리라 (...) 그런즉 우리가 다시는 서로 비판하지 말고 도리어 부딪칠 것이나 거칠 것을 형제 앞에 두지 아니하도록 주의하라"

(롬 14:10, 13)

본회퍼는 비교하고 비판하는 죄가 얼마나 파괴적인 영향을 미치는지 알고 있었습니다. 여기에는 핑켄발데 설교자 학교 학장으로서의 경험과 나중에 은밀하게 운영된 목회자 양성기관에서의 경험이 반영되었습니다. 친밀한 성도의 교제 속에서 공동 생활을 하던 젊은 신학도들 사이에는 여러 가지 요구 사항이 있었으리라고 충분히 추측 가능할 것입니다(이곳에서는 단지 '형제'에 관해서 말하고 있지만, 오늘날 우리는 '자매'와 연관지어서도 생각해 볼 수 있을 것입니다). 독일 그리스도인들과 함께 교회 투쟁을 하면서 원수는 외부에서만 공격하는 것이 아니라는 것을 본회퍼는 알았습니다. 그리스도인의 생활 공동체는 내부로부터 공격 받을 수 있음을 알았습니다. 그래서 에버하르트 베트게가 쓴 방대한 본회퍼 전기를 읽어 보면, 핑켄발데에서는 한 형제가 부재중인 경우에 그 형제에 대해 말하는 것을 금지하는 규율이 있었음을 알 수 있습니다. 이러한 규율은 다른 형제를 보호할 뿐만 아니라, 말하는 당사자 자신을 보호해 주는 장치이기도 했습니다. 본회퍼는 다른 사람들을 비교하려는 모든 생각과 판단의 뿌리는 자기를 정당화하려는 강박관념에서 나오는 것이라고 보았습니다. 그러나 그리스도인으로서 나는 하나님에 의해 순전히 은혜로 의롭게 되었습니다. 그러므로 내가 나 자신을 정당화하려고 애쓸 필요가 없습니다. 나 자신이 은혜로 자유롭게 된 것은 타인을 판단하도록 하기 위해서가 아닙니다. 나는 그들을 섬기기 위해 자유로워진 것입니다. 하나님은 창조주로서 당신의 형상을 따라 인간을 창조하셨습니다. 그러므로 나와 타인의 차이는 우리를 더욱 부요하게 만들어 주는 것으로 이해해야 합니다.

• 질문

1. 나 자신의 경험을 통해, 나는 비교하는 것과 심판하는 것이 죄임을 알고 있습니까?
2. 아주 실제적이고 효과적으로 이러한 죄를 극복할 수 있는 방법은 무엇입니까?
3. 공동체 구성원이 부재중인 상황에서, 그 사람에 대해 부정적인 말을 하지 않도록 한 본회퍼의 제안에 대해 어떻게 생각합니까?
4. 어떤 사람이 나와 완전히 다르더라도, 그 사람을 쉽게 영접할 수 있습니까?

• 감사와 기도

1. 섬기는 삶을 살도록 죄로부터 자유케 하신 은혜가 창조한 의를 감사합니다.
2. 하나님께서 그분의 형상을 따라 창조하신 타인에 대해 감사합니다.
3. 제가 비교하고 판단하는 마음을 가지고 있다면, 용서를 구합니다.
4. 서로에 관하여 말하는 대신, 서로 함께 말하는 용기를 주시도록 기도합니다.

22일

고난
Leiden

시편에는 우리가 세상에서 당하는 온갖 고난 속에서 하나님 앞으로 나오라는 가르침이 한없이 많습니다. 시편은 심한 중병, 하나님과 인간에 대한 깊은 상실감, 위협, 핍박, 감금 그리고 이 땅에서 일어날 수 있는 온갖 종류의 환난에 대해 잘 알고 있습니다. (…) 시편은 이런 문제가 일어나고 있다는 사실을 부인하지 않습니다. 시편은 경건한 말로 이런 문제를 슬쩍 비켜 지나치면서 기만하지도 않습니다. 시편은 이 모든 고난을 신앙의 어려운 시험으로 인식하며, 있는 그대로 담아 내고 있습니다. 때로는 이러한 고난을 도저히 뛰어넘을 수 없다는 사실도 직시하고 있습니다(시편 88편). 그러나 그 모든 일을 하나님께 호소합니다. (…) 탄식의 시편은 공의와 사랑의 하나님과 나누는 온전한 사귐에 관해 다루고 있습니다. 이것은 예수 그리스도께서 우리 기도의 목표일 뿐 아니라, 그분이 우리 기도 속에 친히 함께하심을 말해 줍니다. 예수님은 우리를 위해 십자가에서 고통스럽게 부르짖으셨습니다. "나의 하나님, 나의 하나님, 어찌하여 나를 버리셨습니까?" 이제 우리가 아는 것은, 그리스도께서 우리 곁에 계시지 않으면서 당하게 되는 고난은 이 땅에 없다는 사실입니다. 고난 당할 때 그리스도는 우리의 유일한 도움이 되어 주십니다. 그리스도께서 우리와 함께 고난 당하시고, 우리를 위해 기도하고 계십니다.

『시편, 성경 속의 기도서』, DBW 5, 124 이하

_____

_____

_____

_____

"생각하건대 현재의 고난은 장차 우리에게 나타날 영광과 비교할 수 없도다 피조물이 고대하는 바는 하나님의 아들들이 나타나는 것이니 피조물이 허무한 데 굴복하는 것은 자기 뜻이 아니요 오직 굴복하게 하시는 이로 말미암음이라 그 바라는 것은 피조물도 썩어짐의 종 노릇 한 데서 해방되어 하나님의 자녀들의 영광의 자유에 이르는 것이니라"

(롬 8:18-21)

고난에 대한 질문이 헛되이 "무신론의 바위"(게오르크 뷔히너^{Georg Büchner})로 묘사되고 있는 것은 아닙니다. "왜 우리는 고난을 당해야만 하는가?" "왜 이 모든 곤궁과 불의가 존재하는가?" "왜 이 세상에는 할 말을 잃어버리게 하는 도무지 이해할 수 없는 일들이 일어나는가?" "어떻게 하나님이 이런 일들을 허락하실 수 있는가?" 하나님의 사랑과 세상의 고통에 대해서, 그리고 그 사이에 존재하는 긴장에 대해서 수많은 책들이 쓰여졌습니다. 그리고 그 책들이 책장을 꽉 메우고 있습니다. 본회퍼는 이러한 질문에 대해 이성적이고 신학적인 대답을 하지 않습니다. 그렇게 하는 대신, 우리가 이러한 질문들을 대하는 방법이 어떠해야 하는지를 보여 줍니다. 한마디로 말하자면, 그 질문을 들고 하나님 앞으로 나가라는 것입니다. 하나님 자신이 우리와 함께 고통 받고 계십니다! 이러한 자세는 우리 시선을 십자가로 옮기게 합니다. 십자가의 예수님은 고통을 아시는 분입니다. 성경의 증거에 따르면, 예수님은 "우리를 위해"

고난 받으셨습니다. 고난 가운데 하나님께로 나와서 자신의 곤경을 하나님 앞에 탄식하며 쏟아놓는 사람은, 하나님과 관계를 맺으며 살아가게 됩니다. 본회퍼는 이미『성도의 공동생활』에서 성경의 시편에 담긴 보화들을 발견하도록 우리를 인도해 줍니다(DBW 5, 38-43). 1940년 본회퍼 자신이 출간한 마지막 책인『성경 속의 기도서』는 이러한 내용과 연결되어 있고, 특별히 탄식 시편을 해석하고 있습니다. 그것은 어려운 시기에 신앙을 어떻게 견지해 나갈 수 있는지를 모색하는 것입니다. 그의 사상은 그리스도인이 엄혹한 현실을 눈앞에 직시하면서도, 그러한 현실을 피하지 않아야 한다는 것을 말하고 있습니다. 즉, 함께 고통 당하시는 중보자 예수 그리스도와 함께, 어두움을 통과하면서 갈 길을 가야 한다는 본회퍼의 깊은 확신을 보여 주고 있습니다.

• 질문

1. 나는 나의 환난과 고통을 하나님과 나누고 있습니까?
2. 나는 혹독한 현실을 미화하지 않고 직시할 수 있습니까?
3. 어려운 시기를 보내면서, 하나님이 내게 가까이 계시며 위로하시는 것을 느낀 적이 있습니까?

• 감사와 기도

1. 내가 환난 가운데 있을 때, 하나님께서 임재해 계심을 감사합니다.
2. 시편이 기도를 위한 말씀으로 우리에게 주어져 있음을 감사합니다.
3. 환난과 질병, 핍박의 상황 속에 있는 사람들을 위해 기도합니다.
4. 하나님을 신뢰하는 자세를 갖도록 기도합니다. 우리가 이해할 수 없는 일들도 하나님의 손에 맡기고 의뢰하기를 기도합니다.

23일
환난
Not

주 하나님, 저는 큰 곤경에 처했습니다.

근심이 저를 질식시키려 합니다.

저는 들어가고 나갈 줄을 모릅니다.

하나님, 은혜를 베푸시고 도우소서.

당신이 주신 것을 감당할 힘을 주소서.

두려움이 나를 지배하지 못하게 하소서.

아버지의 사랑으로 나의 소중한 사람들,

특히 여인들과 아이들을 돌보아 주소서.

당신의 강한 손으로 모든 악과 위험에서 그들을 보호하소서.

긍휼의 하나님, 제가 당신과 사람에게 죄 지은 모든 것을 용서
하소서.

당신의 은혜를 믿으며, 나의 삶을 온전히 당신 손에 맡깁니다.

당신의 기쁘신 뜻대로 제게 행하시며, 가장 좋은 것이 무엇인
지 아시는 당신께서 나의 삶 속에서 일하소서.

주님, 저는 당신의 구원과 당신의 나라를 기다립니다. 아멘.

『저항과 복종』, DBW 8, 208

"하나님은 우리의 피난처시요 힘이시니 환난 중에 만날 큰 도움이시라 그러므로 땅이 변하든지 산이 흔들려 바다 가운데에 빠지든지 바닷물이 솟아나고 뛰놀든지 그것이 넘침으로 산이 흔들릴지라도 우리는 두려워하지 아니하리로다(셀라)"

(시 46:1-3)

1943년 11월 18일, 본회퍼는 테겔 형무소에서 에버하르트 베트게에게 보낸 편지에 이렇게 썼습니다. "요즘 나는 죄수들을 위한 기도문을 쓰려고 시도하고 있네. 이러한 기도문이 아직까지 없었다는 사실이 참 이상하기만 하다네. 지금 쓰고 있는 기도문은 아마도 성탄절에 나누어 주게 될 걸세."(DBW 8, 189) 감사하게도 이러한 노력의 열매가 우리에게 남아 있습니다. 본회퍼는 여러 편의 아침 기도문과 한 편의 저녁 기도문, 한 편의 특별한 환난 가운데 드리는 기도문을 썼습니다(DBW 8, 204-208).

이러한 기도문을 쓴 시기는 연합군의 비행기가 베를린 상공에서 엄청난 폭격을 가하기 시작하던 무렵이었습니다. 이러한 경험으로 인해, 심지어 본회퍼는 1943년 11월 23일 베트게에게 두 번째 유언장을 써서 보내기도 했습니다(DBW 8, 203 이하) 본회퍼 기도문의 주제인 감옥에 갇힌 자들의 걱정과 곤경들은 우리가 마치 손으로 잡을 수 있을 것만 같습니다. 본회퍼가 본인의 문제를 구태여 언급하지 않았음에도 불구하고 그렇습니다. 공적이고 일반적인 서술 방식은 기도하는 사람이 오늘 자신의 곤경과 개인적인 두려움을 각 행에 끼워 넣어 기도할 수 있게 합니다. 본회퍼는 우선 개인적인 답답한 상황을 서술한 후에, 두번째 단락에서 가족이나 친지를 위한 중보기도로 시야를 넓혀가고 있습니다. 마지막에는 자기 자신의 죄를 고백하며, 용서를 구하는 기도를 드리고 있습니다. 기도문은 강한 신뢰의 고백으로 끝을 맺습니다. 이처럼 기도문은 많은 시편의 기도에서 진행되듯 흘러갑니다. 즉, 탄식에서 찬송으로, 두려움에서 신뢰로 진행되고 있습니다. 본회퍼는 고통과 곤경을 이성적인 설명으로 극복하려고 시도하지 않았습니다. 기도문을 읽으면, 그가 하나님을 향해 나아감으로써 고통과 곤경을 극복하려 했던 것이 눈에 들어옵니다. 아울러 본회퍼는 체포 당시의 충격을 차츰 극복하면서 감옥에서의 시간을 기도와 성경묵상, 찬송으로 영적 생활을 영위해 나갔습니다. 그가 하나님 곁에서 경험한 실존적 위안은 감옥 생활에도 불구하고 믿을 수 없을 정도로 내적 자유를 누리게 했습니다. 그러한 깊은 위로를 맛보며, 그의 시야는 타인들을 향해 열렸습니다. 그의 시야는 함께 갇힌 자들이나 가족, 친구들을 향해 열렸습니다.

• 질문

1. 어떤 근심 걱정이 나를 짓누르고 있습니까? 내가 두려워하는 것은 무엇입니까?
2. 나의 환난과 두려움을 하나님 앞에 쏟아놓지 못하도록 막는 것은 무엇입니까? 하나님께 은혜와 도움을 구해 본 적이 있습니까?
3. 하나님의 도우심에 대해 긍정적인 체험을 한 적이 있습니까?
4. 어떻게 하면 하나님의 임재하심과 선하신 인도하심에 대한 나의 신뢰가 자랄 수 있을까요?

• 감사와 기도

1. 환난과 위험의 때에 지켜 주신 모든 개인적인 체험을 감사합니다.
2. 가족과 친구들, 이웃들을 돌보아주신 하나님께 감사합니다.
3. 하나님께서는 기꺼이 용서하시며, 항상 새롭게 시작할 수 있는 은혜를 주심을 감사합니다.
4. 힘든 일을 구체적으로 하나님 앞에 가져오는 용기와 열린 마음을 위해 기도합니다.
5. 살든지 죽든지 하나님의 인도하심과 그분의 친밀하심 안에서 신뢰하며 살아가기를 기도합니다.

24일
정체성
Identität

나는 누구인가?

그들은 자주

내가 감방을 나설 때면

마치 영주가 자기 성에서 나오듯

태연하고 명랑하고 확고한 발걸음으로 걸어나온다고 말한다.

나는 누구인가?

그들은 자주

내가 간수들과 대화할 때면

자유롭고 다정하고 분명하게

마치 내가 명령하는 사람인 것처럼 행동한다고 말한다.

나는 누구인가?

그들은 또 말하길,

불행한 나날을 보내고 있는 내가

마치 항상 승리에 익숙한 사람처럼

잔잔히 미소 지으며 자부심으로 넘치는 것 같다고 말한다.

나는 정말 그들이 말하는 그 사람일까?

아니면 나 자신이 알고 있는 그 사람일 뿐인가?

새장 속의 새처럼 불안해하며 그리움에 지쳐 병든

목 졸린 사람처럼 숨을 쉬려고 바둥거리며

색깔과 꽃, 새들의 노랫소리를 동경하며

한마디 친절한 말과 사람에 대한 그리움에 목말라 하고

폭력과 사소한 모독에도 분노하여 떠는 나

뭔가 엄청난 일이 일어나길 바라는 기대로 방황하며

한없이 먼 곳에 있는 친구에 대한 걱정으로

어쩔 줄 몰라하는 나

기도하고 생각하고 창작하는 일에도

이제는 지치고 공허해져서

힘없이 모든 것에 이별을 고할 준비를 하는 그 사람이 나인가?

나는 누구인가?

전자인가, 후자인가?

오늘은 이 사람이고, 내일은 저 사람인가?

두 사람 모두 나인가?

사람들 앞에서는 위선자이며

나 자신 앞에서는 경멸스럽도록 비통해하는 겁쟁이인가?

아니면 아직도 내 속에는 이미 거둔 승리 앞에서

꽁무니를 빼려 하는 패잔병 같은 모습이 남아 있는 건가?

나는 누구인가?

이 고독한 물음이 나를 비웃는다.

내가 누구이건, 당신은 나를 아시며

오 하나님, 나는 당신의 것입니다!

『저항과 복종』, DBW 8, 513 이하

_____

_____

_____

_____

"여호와여 주께서 나를 살펴 보셨으므로 나를 아시나이다 주께서 내가 앉고 일어섬을 아시고 멀리서도 나의 생각을 밝히 아시오며 나의 모든 길과 내가 눕는 것을 살펴 보셨으므로 나의 모든 행위를 익히 아시오니"

(시 139:1-3)

'나는 누구인가?'라는 제목의 시는 본회퍼의 시들 중에서도 가장 널리 알려져 있는 시 가운데 하나입니다. 이 시는 베를린 테겔 형무소 수감 중에 썼고, 1944년 7월 에버하르트 베트게에게 보낸 편지에 들어 있었습니다. 시를 쓴 시기는 1944년 7월 20일 슈타우펜베르크[1]와 동지들이 시도했던 히틀러 암살이 실패로 돌아간 때와 거의 일치합니다. 정부에 대한 전복 계획을 모두 알고 있었고, 암살 모의에 가담했던 본회퍼로서는 불안한 시간이었습니다. 감옥에 갇혀 있는 외적으로 부자유스러운 몸이었음에도 불구하고, 그는 함께 갇힌 동료 수감자들에게 용기를 북돋워 주곤 하였습니다. 그리고 수감 생활 가운데서도 영적인 삶을 이어나갔다고 동시대 사람들은 증언하고 있습니다.

'나는 누구인가?'라는 시는 공개적으로 드러난 본회퍼의 삶의 이면을 조심스럽게 엿볼 수 있게 합니다. 홀로 있을 때 그는 어떤 감정을 느꼈고, 어떤 생각을 했을까요? 내면에 비친 모습과 겉으로 드러난 모습이 항상 일치하는 것은 분명 아닙니다. 오늘 이 책을 읽는 독자도 본회퍼가 겪은 불안과 동경들을 경험할 것입니다. 본회퍼의 정직한 고백은 훗날 자신의 정체성을 찾고자 하는 수많은 사람들에게 영감을 주었습니다. 여기서 분명해지는 것은 본회퍼가 내면을 향하는 삶을 살았다는 것입니다. 그리고 본회퍼는 자신의 정체성을 그 자신 안에서 찾을 수 없다는 사실을 인식합니다. 결국 그는 하나님 안에서, 자기 외부에 견고한 닻을 내릴 수 있었습니다. 여기서 그의 모든 강점들과 약점들, 모든 확신들, 모든 의심들과 함께 하나님이 그를 아신다는 사실이 결정적입니다. 이것이 그에게 평강을 안겨 주고, 정직하게 자신을 받아들일 수 있는 도움이 됩니다.

• 질문

1. 나의 삶에도 나 자신이 느끼는 것과 타인이 느끼는 것이 다른 경우가 있습니까? 내가 느끼는 나의 모습은 어떠합니까? 나의 삶은 타인에게 어떤 영향을 주고 있습니까?
2. 나는 지나치게 나 자신을 중심으로 뿌연 안개 속에서 살아가고 있지는 않습니까? 아니면 나의 감정과 사고 세계에 대해 지나치게 소홀하지는 않습니까?
3. 외면적으로 강해지기 위해 중요한 것은 무엇입니까? 내가 약점을 드러내어도 좋은 때는 언제입니까?

• 감사와 기도

1. 하나님이 나를 너무도 잘 아시며, 하나님 곁에서는 가면을 벗어도 된다는 사실에 대해 감사합니다.
2. 삶의 간증을 통해 나의 삶에 축복이 되어 준 수많은 사람들로 인해 감사합니다.
3. 타인에게 도움이 되고, 타인을 세워 줄 수 있도록 외적으로 강해지길 기도합니다.
4. 나 자신 앞에서 정직해질 수 있기를 기도합니다. 나 자신의 약점을 인정하고, 의심을 표현할 수도 있는 자기 인식을 위해 기도합니다.

25일

짊어짐
Tragen

하나님은 우리의 짐을 짊어지시는 분입니다. 하나님의 아들이 우리 육체를 입으시고, 십자가를 짊어지셨습니다. 그분은 우리의 모든 죄를 짊어지셨고, 짊어지는 그 행위를 통해 화해를 이루셨습니다. 그리스도인의 삶은 짐을 짊어지는 것에 그 본질이 있습니다. 그리스도께서 짐을 짊어지면서 아버지와 친교를 유지하시듯, 그리스도를 따르는 자는 짐을 짊어지면서 그리스도와 친교를 유지하게 됩니다. 물론, 인간은 자기에게 부과된 짐을 떨쳐 버릴 수도 있습니다. 하지만 그렇게 해서는 짐에서 벗어나지 못합니다. 오히려 더 무겁고 더 견디기 힘든 짐을 지게 될 뿐입니다. 인간은 스스로 선택한 자기 자신의 멍에를 짊어지고 있습니다. 예수님은 온갖 고통과 무거운 짐을 지고 있는 사람들을 모두 부르십니다. 그들이 지고 있는 멍에를 벗어 버리고, 예수님의 온유한 멍에와 가벼운 짐을 짊어지라고 호소하십니다. 그분의 멍에와 짐은 십자가입니다. 십자가 아래로 가는 것은 환난과 절망이 아니라, 영혼의 각성이며 평안입니다. 십자가 아래로 가는 것은 최고의 기쁨입니다. 십자가 아래서 우리는 더 이상 자신이 만든 율법과 무거운 짐들 아래 있지 않고, 우리를 잘 아시는 분의 멍에 아래 있게 됩니다. 그분은 그 멍에 아래서 우리와 함께 걸어가십니다. 그분의 멍에 아래서 우리는 그분 가까이 있으며, 그분과의 사귐을 확신합니다. 자기 십자가를 질 때, 예수님을 따르는 자가 발견하는 것은 바로 예수님 자신입니다.

『나를 따르라』, DBW 4, 84

_____

_____

_____

_____

"형제들아 사람이 만일 무슨 범죄한 일이 드러나거든 신령한 너희는 온유한 심령으로 그러한 자를 바로잡고 너 자신을 살펴보아 너도 시험을 받을까 두려워하라 너희가 짐을 서로 지라 그리하여 그리스도의 법을 성취하라"

(갈 6:1, 2)

하나님은 짐을 짊어져 주시는 분입니다. 하나님은 우리를 위해 짊어지시고, 우리와 함께 짊어지시고, 우리를 짊어져 주시는 분입니다. 이러한 확신을 가지는 것은 목회 상담에 있어 강력한 힘을 발휘합니다. 여기서 본회퍼는 예수님이 선물일 뿐 아니라, 우리를 위한 모범이심을 보여 줍니다. 예수님은 인간이 되심으로써(그렇지만 하나님으로 머물러 계셨습니다), 실제로 인간이 된다는 것이 무엇인지 잘 아셨습니다. 마침내 예수님은 모든 인간을 대신하여, 그분 자신을 십자가에 못 박도록 내어 주시고 우리 죄를 짊어지셨습니다.

이사야서에 나오는 고난 당하는 하나님의 종에 관한 예언 말씀은 확실히 십자가 사건의 배경이 됩니다. "그는 실로 우리의 질병을 짊어지고 우리의 고통을 담당하셨다"(사 53:4a) 짊어지시는 하나님의 아들은 전폭적으로 주시는 분이며, 자기 자신을 희생하시고 우리에게 다가오십니다. 예수님은 우리가 도무지 행할 수 없는 그 일을 행하십니다. 예수님은 우리가 나을 수 있도록 그 일을 행하십니다. 그러나 그렇게 하심으로써 결국 우리의 모범이 되십니다. 짊어지시는 하나님께서는 우리도 다른 사람들을 짊어지는 반열에 세우길 원하십니다. 본회퍼는 우리가 하나님의 사랑을 소비하고 끝내는 자들이 아니라는 사실을 분명히 합니다. 타인을 짊어지는 사람은 우리를 짊어지시는 예수님과의 사귐 속에 거하게 됩니다. 우리에게 주어진 좋은 것을 우리는 다른 사람들에게 전해 주어야만 합니다. 예수님을 따르는 삶은 타인의 짐을 짊어지는 것을 의미하기도 합니다. 여기서 본회퍼는 멍에에 관한 예수님의 말씀을 예로 듭니다(마 11:29-30). 멍에에 관한 비유는 유대인 세계를 배경으로 하여 나온 것입니다. 멍에를 짊어지는 사람은 자기보다 높은 존재를 섬기는 것입니다. 이것은 가축에서도 똑같이 관찰될 수 있습니다. 자신의 멍에를 벗어 버린다는 것은 더 이상 자기 주위만 맴돌지 않는 것을 의미합니다. 자신의 근심거리만 붙들고 살지 않는 것이 자신의 멍에를 벗어 버리는 삶이라고 말할 수 있습니다. 예수님의 멍에를 멘다는 것은 단순명료하게 예수님을 따르는 삶을 의미합니다. 예수님과의 사귐 속에서 구원을 이루어가는 삶이 무엇인지에 대한 모든 것을 배우게 됩니다. 예수님의 멍에 아래 사는 사람은 온전히 예수님께 의탁하여 살아갑니다. 그는 예수님이 인도하시는 대로 살아갑니다. 예수님의 멍에 아래 그분을 따르는 삶은 우리로 하여금 그분을 가까이 하는 삶을 체험하게 합니다. 하나님과 평화를 누리게 하며, 구원으로 인도해 줍니다. 그러나 예수님을 따르는 길은 그분의 짐을 짊어지는 삶이기도 합니다. 본회퍼 자신도 그 사실을 분명히 느낄 수 있었습니다. 그것은 마지막 두 해 동안 옥중생활을 해야 했던 것만을

138

의미하는 것은 아닙니다. 짊어지는 것뿐 아니라 멍에를 메는 것도, 그리스도인으로 사는 것이 자기실현 이상을 의미한다는 사실을 보여 줍니다.

_____

_____

_____

_____

• 질문

1. "짐을 짊어지시는 하나님"이라는 말은 내 안에 어떤 생각을 불러 일으킵니까?
2. 어떤 특정한 상황에서 하나님이 나를 전적으로 책임지고 감당해 주신다고 느낀 적이 있습니까?
3. 주위에 내가 함께 감당하며 도와주어야 할 사람이 있습니까? 또 함께 힘을 모아서 감당해야 할 일이 있습니까?
4. "예수님의 멍에"는 나에게 무거운 짐으로 느껴집니까? 아니면 나를 자유케 합니까?

• 감사와 기도

1. "짐을 짊어지시는 하나님"이 인간이 되셔서 자신을 십자가에 내어 주신 것을 감사합니다. 십자가에서 나의 죄를 짊어지시고, 화목하게 하신 것을 감사합니다.
2. 하나님이 우리로 하여금 함께 짊어지는 자들이 되게 하신 것을 감사합니다. 또 함께 짊어지는 가운데 좋은 것이 생겨나게 하심을 감사합니다.
3. 제가 예수님과 함께 짊어지는 삶을 살아갈 때, 예수님 가까이 있게 하시고 친교를 누리게 하시길 기도합니다.

26일
책임
Verantwortung

악의 거대한 가장무도회가 모든 윤리 개념을 뒤죽박죽 섞어 놓았습니다. 악이 빛과 자선, 역사적 필연성과 사회정의를 가장하고 나타나서 전통적인 윤리 개념의 세계에서 성장한 사람들을 어리둥절하게 합니다. 그러나 이것은 성경에 삶의 근거를 두고 살아가는 그리스도인들에게 악의 극심한 사악성을 확증해 줄 뿐입니다. (…) 과연 누가 악에 대항하여 설 수 있겠습니까? 자신의 이성이나 원칙, 양심, 자유, 덕행이 마지막 척도가 아닌 사람만이 악에 맞설 수 있습니다. 그는 이 모든 것을 기꺼이 희생할 준비가 되어 있습니다. 그는 오직 하나님에게만 매인 신앙 안에서 복종합니다. 그는 자기 삶을 오직 하나님의 질문과 부르심에 응답하는 것이라 여기며 책임을 짊어집니다. 이런 책임 있는 사람들은 어디에 있습니까? (…) 독일인들은 오늘에야 비로소 자유로운 책임이 무엇인지 발견하기 시작했습니다. 자유로운 책임은 하나님께 기초를 두고 있습니다. 하나님은 책임 있는 행동의 자유로운 신앙 모험을 요구하는 분입니다. 하나님은 그러한 책임 있는 행동을 위해 모험을 감행하다가 죄인이 되어 버린 사람들을 용서하고 위로

해 주십니다. (…) 책임 있는 마지막 질문은 "어떻게 난감한 사건에서 영웅적으로 도피하는가"에 있지 않습니다. 책임 있는 마지막 질문은 다음 세대가 어떻게 계속 살아가게 될지를 묻는 것입니다. (…) 저는 하나님이 모든 것에서, 심지어 가장 사악한 것에서도 선한 것이 생겨나게 하실 수 있으며, 또 그렇게 하길 원하심을 믿습니다. 이를 위해 하나님은 사람을 찾으시며, 그 사람은 모든 것이 선이 되도록 하는데 쓰임받을 것입니다. 하나님은 우리가 처한 모든 난관 속에서, 우리가 필요로 하는 충분한 저항력을 주심을 믿습니다. 그러나 하나님은 그 힘을 미리 주지 않으십니다. 그 이유는 우리가 자기 자신이 아니라, 오직 하나님만 의지하도록 하기 위함입니다. (…) 나는 하나님이 시대를 초월한 운명이 아니라, 정직한 기도와 책임감 있는 행동을 기다리며 응답하는 분이라고 믿습니다. (…) 우리는 그리스도가 아니며, 우리 자신의 행동과 우리 자신의 고난을 통해서 세상을 구원하도록 부름받은 것도 아닙니다. (…) 우리는 그리스도가 아닙니다. 그러나 우리가 그리스도인이고자 한다면, 책임 있는 행동과 참된 연민으로 그리스도의 넓은 마음에 동참해야 할 것입니다. 책임 있는 행동은 자유롭게 서서, 시대를 이해하고 위험에 맞섭니다. 참된 연민은 두려움이 아니라, 모든 고난받는 자들을 자유케 하고 구원하시는 그리스도의 사랑에서 샘솟는 것입니다. 아무 행동도 취하지 않고 멍하게 구경만 하고 앉아 있는 것은 그리스도인의 자세가 아닙니다.

『저항과 복종』, DBW 8, 19-34

"사람보다 하나님께 순종하는 것이 마땅하니라"

(행 5:29b)

디트리히 본회퍼의 가족은 그 시대에 일어나는 일들을 주의하며 지켜보았습니다. 본회퍼는 사건을 예언자적으로 해석할 수 있는 은사를 가졌음이 분명합니다. 한 가지 예로서 1942/43년 해가 바뀌는 시기에 쓴 '십 년 후Nach zehn Jahren'를 들 수 있습니다. 거기서 본회퍼는 그 자신과 동지들, 즉 에버하르트 베트게, 한스 폰 도나니, 한스 오스터가 1933년 이후 독일의 변화에 대해 어떤 책임을 감당해야 할지를 기록했습니다. 국가사회주의와 함께 심연 속에 있던 악이 세상 역사의 무대에 등장했습니다. 그것은 민주주의로 가는 길에서 현란한 형상으로 나타났습니다. 그래서 지금까지 통용되던 일상의 윤리 조항들을 가지고는 그것에 대해 어떻게 대처해야 하는지 파악조차 되지 않았습니다. 나치는 권위에 대한 복종과 기꺼이 희생할 준비가 되어 있는 성향을 가진 독일인의 인간성을 악용했습니다. 이제 도움이 될 수 있는 것은, 하나님 한 분에게만 매인 자세와 책임 있는 행동에 대한 믿음뿐이었습니다. 그것만이 이러한 환영에 종지부를 찍을 수 있었습니다. 동시에 잘못을 범하고, 죄책을 떠안아야 하는 위험까지도 감수할 수 있어야 했습니다. 에릭 메타사스는 그것을 본회퍼 전기에 이렇게 썼습니다. "그리스도인이 되는 것은 단순히 죄를 피하거나 특정한 신학적 율법, 원칙, 교리를 믿고 입으로 말하는 것을 의미하지 않는다. 그리스도인이 된다는 것은 그의 전 생애를 통해 하나님의 부르심에 복종하는 것이다."[ii] 그리하여 '제자도'에 대한 급진적인 사상은 용기 있는 정치적 행동으로 이어질 수밖에 없었습니다.

• 질문

1. 때로는 빛의 형상으로, 마치 도움을 줄 듯한 형상으로 나타나는 악을 알아채기 위해 어떤 기준들이 도움이 될까요? 오늘날 하나님이 원하시는 선한 삶에 위협이 되는 것은 무엇입니까?
2. 하나님께서 나 또는 우리가 가족이나 교회로서 책임을 감당하도록 요청하고 계신 곳은 어디입니까?

• 감사와 기도

1. 하나님께서 말씀을 통해 계시하여 주신 신뢰할 만한 척도가 있다는 사실에 대해 감사합니다.
2. 하나님을 경외하며 책임을 감당하는 사람들이 있음을 감사합니다.
3. 현재 일어나고 있는 사건들에 대해 예리한 통찰력을 가질 수 있기를, 또 예언적인 의미를 알 수 있기를 기도합니다.
4. 적절한 때에 올바른 것을 행하거나 버릴 수 있는 용기와 겸손을 주시기를 기도합니다.
5. 제가 잘못을 범한 것이나 죄책이 있는 일에 대해서 용서를 구합니다.

27일

계명
Gebote

세 편의 시편(시편 1편, 19편, 119편)은 그 무엇보다도 율법의 은혜를 우리 눈앞에 펼쳐 보이고 있습니다. 이 시편들은 특별한 방식으로 하나님의 율법이 감사와 찬양과 간구의 대상이 되도록 합니다. '율법'이란 대체로 새 생명을 위한 하나님의 전체 구원 사역과 명령에 대한 순종으로 이해할 수 있습니다. 하나님이 예수 그리스도를 통해 우리 삶에 커다란 전환점을 주시면, 우리에게 하나님의 율법과 계명에 대한 기쁨이 채워지게 됩니다. 하나님은 나에게 그분의 계명을 숨길 수도 있고(시119:18), 하루 종일 그분의 뜻을 깨닫지 못하도록 하실 수도 있습니다. 그리고 그것은 새 생명을 얻은 자에게 가장 큰 두려움이 아닐 수 없습니다. 하나님의 명령을 아는 것은 은혜입니다. 그 은혜는 스스로 만든 계획과 갈등으로부터 우리를 자유롭게 해 줍니다. 그 은혜는 또한 우리의 걸음을 확고하게 해 주며, 우리의 길을 기쁘게 갈 수 있도록 합니다. 하나님은 우리가 그분의 계명을 성취하도록 계명을 주십니다. 예수 그리스도 안에서 모든 구원을 발견한 자에게 "그분의 계명들은 무거운 것이 아닙니다(요일 5:3)". 예수님 자신도 율법 아래 계셨고, 아버지께 철저히 순종하심으로써 율법을 성취하셨습니다. 하나님의 뜻은 예수님의 기쁨이요, 양식이었습니다. 예수 그리스도는 우리 안에 율법의 은혜에 대한 감사가 넘치도록 역사하십니다. 또한 그분이 성취한 기쁨을 우리에게 선물해 주십니다. 이제 우리는 율법에 대한 우리의 사랑을 고백하며, 그 율법을 기꺼이 지키겠다고 다짐하게 됩니다. 예수 그리스도 안에서 우리가 흠없이 온전하게 보존되도록 기도하게 됩니다. 우리의 힘으로 그렇게 행할 수 있다는 것이 아닙니다. 우리는 다만 우리를 위해, 우리 안에 계신 예수 그리스도의 이름으로 기도할 뿐입니다.

『시편, 성경 속의 기도서』, DBW 5, 118 이하

"내가 전심으로 주를 찾았사오니 주의 계명에서 떠나지 말게 하소서 내가 주께 범죄하지 아니하려 하여 주의 말씀을 내 마음에 두었나이다 찬송을 받으실 주 여호와여 주의 율례들을 내게 가르치소서 주의 입의 모든 규례들을 나의 입술로 선포하였으며 내가 모든 재물을 즐거워함 같이 주의 증거들의 도를 즐거워하였나이다 내가 주의 법도들을 작은 소리로 읊조리며 주의 길들에 주의하며 주의 율례들을 즐거워하며 주의 말씀을 잊지 아니하리이다 주의 종을 후대하여 살게 하소서 그리하시면 주의 말씀을 지키리이다 내 눈을 열어서 주의 율법에서 놀라운 것을 보게 하소서 나는 땅에서 나그네가 되었사오니 주의 계명들을 내게 숨기지 마소서 주의 규례들을 항상 사모함으로 내 마음이 상하나이다"

(시 119:10-20)

그리스도인들이 유대인 회당을 방문할 때면, 율법, 즉 토라에 대한 유대인의 자세로 인해 자주 놀라게 됩니다. 유대인들의 토라를 향한 자세가 너무도 친밀하고 열정적이기 때문입니다. 그들에게 계명은 분명 무미건조하지 않으며, 성가신 의무도 아닙니다. 그들에게 계명은 하나님의 선하신 선물입니다. 본회퍼도 『성경의 기도서』에서 이러한 발자취를 따르고 있습니다. 하나님은 순전한 사랑 때문에 우리 인간과 언약을 맺으셨고, 우리를 노예 상태에서 해방시키셨습니다(출 20:2). 그리고 예수 그리스도의 십자가 죽으심을 통해 구속하셨습니다. 이것이 계명의 토대입니다. 이제 계명은 언약 안에서 하나님과 함께 살도록 하는 것이며, 그분의 뜻을 알도록 도와주는 역할을 합니다. 우리가 믿고 따를 수 있는 방향이 되어 줍니다. 언약은 우리로 하여금 구속받은 자로서 살아가도록 도와줍니다. 어느때나 다시 하나님을 향해 서도록 도와줍니다. 하나님의 계명 자체가 우리를 구원하는 것은 아닙니다. 그러나 예수 그리스도 안에서 모든 구원을 발견한 사람에게 계명은 하나님과의 관계성 속에 살도록 도와주는 역할을 합니다. 또한 믿음 안에서 새 생명에 대한 선한 안내를 받을 수 있도록 도와줍니다. 예수님 자신이 율법 아래 사셨고(갈 4:4이하), 그 율법을 성취하셨습니다(롬 10:4). 그 예수님이 우리 안에 사시며, 율법에 대한 기쁨을 선사해 주십니다. 우리가 율법에 따라 살아갈 수 있도록 도와주십니다. 계명은 긍휼없는 요구가 아니라, 구체적 상황 속에서 우리가 마땅히 취할 행동을 하도록 도우시는 살아계신 하나님의 법입니다.

시편 119편은 구약 성경에서 하나님의 계명에 대해 쓴 가장 포괄적인 찬송시입니다. 본회퍼는 시편 119편을 그가 가장 사랑하는 시편이라고 말한 적이 있습니다. 1939/40년 본회퍼는 시편 119편에 대한 포괄적인 묵상 내용을 기록했습니다. "이미 결정이 내려졌고, 이미 시작했고, 이미 행동했다는 사실을 우리가 알고 있다면, 우리는 하나님의 계명을 삶의 법칙으로 들을 수 있습니다. 다시 말해 우리가 하나님의 결정하심과 시작하심, 행동에 함께한다는 사실을 안다면, 즉 하나님에 의해서 그러한 결정과 시작, 행동에 들어가게 된 사실을 안다면,

우리는 하나님의 계명을 삶의 법칙으로 들을 수 있습니다. 하나님이 이미 오래전에 모든 것을 행하셨고, 이제는 "율법 속에$^{im\ Gesetz}$" 그러한 결정과 시작, 행동이 들어 있습니다. 하나님의 율법은 그분의 구원 사역과 분리할 수 없습니다." (DBW 15, 502)

• 질문

1. 하나님의 약속과 하나님의 요구는 서로 어떤 관계에 있습니까?
2. 근본적으로 하나님은 우리에게 무엇을 주시며, 오늘 우리에게 구체적으로 무엇을 요구하십니까?
3. 하나님의 계명에 대한 시편 기자의 기쁨을 나도 느낄 수 있습니까?

• 감사와 기도

1. 하나님께서 우리를 자유케 하시고, 예수 그리스도를 통해서 마침내 속량하여 주신 것을 감사합니다.
2. 하나님의 선하신 계명에 대해 감사합니다. 또한 계명과 함께 우리에게 주어진 모든 방향에 대해서도 감사합니다.
3. 하나님의 인도하심대로 살 수 있는 힘과 용기를 주시길 기도합니다.

28일

자유
Freiheit

하나님께서 땅에 있는 인간을 그분의 형상대로 창조하셨다는 말은, 인간이 창조주를 닮은 자유로운 존재라는 의미를 담고 있습니다. 인간은 오직 하나님의 창조로 인해 자유롭습니다. 인간은 하나님의 말씀으로 인해 자유롭습니다. 인간은 창조주를 찬송하기 위해 자유롭습니다. 왜냐하면 성경에서 말하는 자유는 인간이 자기 자신을 위해 소유하는 것이 아니기 때문입니다. 성경에서 말하는 자유는 타인을 위한 자유입니다. 어떤 인간도 그 자체로^{an sich} 자유롭지는 않습니다. 다시 말해, 진공 상태라면 음악적이거나 영리한 것, 눈멀어 있는 것 등이 그 자체로 아무 의미가 없는 것과도 같습니다. 자유는 인간의 품격이 아니며, 인간 속 깊은 곳에서 발견할 수 있는 능력이나 장치, 일종의 본성 같은 것도 아닙니다. (…) 타인이 나를 그에게 매이도록 하기 때문에, 타인을 위해 자유로운 것입니다. 이것이 자유로움이 뜻하는 바입니다. 오직 타인과의 관계성 속에서 나는 자유롭습니다. (…) 복음의 메시지는 하나님의 자유가 우리에게 매여 있다는 사실을 말하고 있습니다. 오직 하나님의 자유로운 은혜만이 우리에게 실재가 되는 것,

이것이 복음의 메시지입니다. 하나님은 그분 자신을 위해서 자유롭기를 원치 않으십니다. 하나님은 인간을 위해서 자유롭기를 원하십니다. 누군가를 위한 자유 없이 무언가로부터 자유로워지는 일은 없습니다. 하나님에 대한 섬김 없이 다스리는 권세는 주어지지 않습니다. 전자를 간과하면 인간은 필연적으로 후자도 잃어버립니다.

『창조와 타락』, DBW 3, 58 이하, 63

_____

_____

_____

_____

"자유를 찾아 출발하려거든, 무엇보다도 그대의 감각과 영혼을 훈련하라. 그리하여 욕망과 지체들이 그대를 이리저리 끌고 다니지 못하게 하라."

『저항과 복종』, DBW 8, 570

"너희가 내 말에 거하면 참으로 내 제자가 되고 진리를 알지니 진리가 너희를 자유롭게 하리라 (...) 그러므로 아들이 너희를 자유롭게 하면 너희가 참으로 자유로우리라"

(요 8:31b, 32, 36)

자유는 확실히 현시대의 위대한 표어 가운데 하나입니다. 자유라는 말은 자주 자율성이나 해방과 같은 의미로 받아들여집니다. 사람들이 무엇으로부터 자유롭게 되고자 하는지, 그 대상이 신속하게 명명되곤 합니다. 그러나 새로운 자유가 어디로 인도하는지에 대해서는 분명하지 않습니다. 본회퍼는 자유가 우선적으로 관계에서 나온 개념임을 분명히 합니다. 진공 상태에서는 자유가 존재하지 않습니다. 하나님은 자기 백성을 이집트 노예에서 해방시켰습니다. 이스라엘 백성이 그들을 해방시킨 분과 친밀한 관계 속에서 그분의 명령을 따를 때, 자유는 유지될 수 있습니다. 그렇지 않으면 그들은 급속하게 새로운 노예 상태로 빠져들어 가고 맙니다. 부정적인 본을 따르는 형태나 자신에게 해가 되는 애착의 형태로 나타나는 새로운 노예 상태 말입니다. 말하자면 무엇을 위한 자유로운 상태가 있을 뿐, 무언가로부터의 자유로운 상태는 존재하지 않습니다. 나쁜 매임을 벗어 버리기 위해서는 단지 좋은 매임으로 빈 자리를 채우는 방법밖에 없습니다. 빈 자리는 절대적으로 생겨날 수밖에 없기 때문입니다. 매임이 없는 자유는 환상에 불과합니다. 스키를 타고 신나게 내려올 수 있는 자유도 단지 스키가 발에 잘 매여 있을 때에만 경험할 수 있습니다. 모든 인간은 자기의 창조주에게 감사하며, 그분과의 관계 속에서 살아가도록 부르심을 받았습니다. 그분은 우리 인간과 자유로운 사랑 안에서 연결되어 있습니다. 하나님은 우리가 그분을 믿고 의지하기를 원하십니다. 신앙 안에서 이러한 자유로운 매임은, 인간으로 하여금 그가 사는 세상과 이웃에 대해 열린 자세를 갖게 합니다. 마틴 루터는 "그리스도인의 자유에 관하여"라는 책에서 다음과 같이 기술하였습니다. "이 모든 것을 미루어 볼 때, 그리스도인은 자기 자신 안에서 사는 존재가 아니라, 그리스도와 이웃 안에서 사는 존재이다. 신앙을 통해 그리스도 안에서, 사랑을 통해 이웃 안에서 사는 존재가 그리스도인이다."[iii]

• 질문

1. 자유는 오직 긍정적인 매임 안에서 존재할 수 있습니다. 그 사실을 분명히 자각하고 있습니까?
2. 부정적인 매임으로 인해 옴싹달싹 못하고 있지는 않습니까? 진리를 알고 예수 그리스도를 통해 자유롭게 되도록, 하나님의 말씀이 나를 초청하는 곳은 어디입니까?
3. 하나님의 계명과 명령들이 진정 좋은 것이라고 믿습니까?

• 감사와 기도

1. 하나님이 우리 인간과 자유로운 사랑 안에서 연합되어 있음을 감사합니다.
2. 하나님에게 매여 있을 때, 실제로 내가 잘된다는 사실을 신뢰할 수 있기를 기도합니다.
3. 나를 억압하고 누르는 것이 무엇인지 분명하게 볼 수 있는 눈을 주시도록 기도합니다.
4. 예수 그리스도께서 부정적인 매임으로부터 나를 구체적으로 자유롭게 해 주시도록 기도합니다.

29일

삶
Leben

    일용할 양식을 구하는 기도는 육체의 삶에 필요한 모든 영역을 포괄하는 기도입니다. 이와 같이 생명, 건강, 하나님의 은혜로우심에 대한 가시적인 증거는 생명의 창조자이며 보존자이신 하나님에게 드리는 기도에 필연적으로 포함됩니다. 육체의 삶을 경시해서는 안 됩니다. 육체의 삶을 위해 하나님은 예수 그리스도 안에서 그분과 교제하는 선물을 우리에게 주셨습니다. 그분과의 교제는 우리로 하여금 이 세상에서나 내세의 삶에서 그분 앞에 살 수 있도록 합니다. (…) 하나님은 이 땅에 사는 경건한 자들이 잘되기를 원하십니다(시 37편). 이러한 하나님의 뜻은 예수 그리스도의 십자가로 인해 무효화된 것이 아니라, 오히려 그 진실함을 보증해 줍니다. 그래서 제자들처럼 예수님을 따르면서 많은 결핍을 감내하는 바로 그곳에서 예수님은 "부족한 것이 있더냐?"라고 물으십니다. 그때 제자들은 "결코 없습니다"(눅 22:35)라고 대답할 수 있습니다. (…) 시편 말씀으로 기도하면서 생명, 건강, 평화, 세상 재산을 구할 때, 우리는 양심의 가책을 느낄 필요가 없습니다. 시편에서처럼 이 모든 것을 우리와 함께하시는 하나님의 은혜로운 교제의 증거로 깨닫고, 하나님의 은혜가 생명보다 더 나음을 더욱 견고하게 할 수만 있다면 그렇습니다(시 63:4, 73:25이하). (…) 오직 예수 그리스도를 위해, 또 그분의 명령에 따라 우리는 생명을 위해 필요한 물질을 간구할 수 있습니다. 그것도 확신 가운데 구할 수 있습니다. 그러나 우리가 필요한 것을 받으면, 하나님이 예수 그리스도로 인해 우리에게 그토록 은혜로우심을 깨닫고 하나님께 전심으로 감사드릴 수 있어야 합니다.

『시편, 성경 속의 기도서』, DBW 5, 123)

_____

_____

_____

_____

"내가 문이니 누구든지 나로 말미암아 들어가면 구원을 받고 또는 들어가며 나오며 꼴을 얻으리라 도둑이 오는 것은 도둑질하고 죽이고 멸망시키려는 것뿐이요 내가 온 것은 양으로 생명을 얻게 하고 더 풍성히 얻게 하려는 것이라"

(요 10:9, 10)

우리는 디트리히 본회퍼에게서 집중해서 살아간다는 것이 무엇인지 배울 수 있습니다. "지금 이 순간을 살아라$^{Carpe\ Diem}$."[1] 그는 겨우 39년의 인생을 살았지만, 그 기간 동안 많은 일들을 경험하였습니다. 이러한 사실을 미루어 보면, 우리는 충분히 이 격언이 그에게 일종의 삶의 모토가 아니었을까 추측할 수 있습니다. 본회퍼는 그에게 주어진 일에 온 힘을 쏟아 부었습니다. 그는 구체적인 세상에서 다른 차원의 세상으로 도피한 것이 아니라, 실제 세상에서 살았습니다. 그는 하나님 가까이서, 동시에 인간 가까이서 살았습니다. 1943년 그는 테겔 형무소에서 약혼녀 마리아 폰 베데마이어에게 이런 편지를 썼습니다. "우리의 결혼은 하나님이 지으신 땅에 대해 '예'라고 순종하는 것이 되어야 합니다. 이 땅에서 무언가 창조하고 일할 수 있도록 용기를 북돋우는 것이 되어야 합니다. 그리스도인들이 한 발로만 땅 위에 서 있으려 하고, 마찬가지로 한 발로만 하늘에 서 있으려 하는 것을 경계해야 합니다."[iv]

하나님은 생명을 사랑하시는 분입니다. 그분은 창조주로서 피조물들이 생명을 풍성하게 누리도록 하십니다. 그 생명 안에서 피조물들이 잘되고, 거룩한 경계선 안에서 자신의 기량을 펼치며, 발전할 수 있도록 하십니다. 하나님은 그리스 신화에 등장하는 괴상한 신들과 다릅니다. 그러므로 육신에 대해 적대적이며 육신을 경시하는 그리스 신화의 괴상한 신들과 기독교 신앙이 일치할 수 없습니다. 본회퍼는 삶이 잘되도록 기도하며, 건강과 평화를 구하고, 이 땅에서 재물을 구하는 것이 이기적이거나 경건한 사치라고 말하지 않습니다. 도리어 이 모든 것은 우리에게 이미 제공되어 있는 것입니다. 이 모든 것에 대한 전제조건이 있다면, 우리가 그 모든 것을 하나님의 선물로 알고 가치 있게 여기는 것입니다. 그 모든 것은 우리에게 주어져 있습니다. 세상에서 시간적으로 제한된 삶을 살아가는 우리를 위해 주어져 있는 것입니다. 선사한 분을 알고 존경하는 자라면, 그 선물을 감사하는 자세로 받아서 누릴 수 있을 것입니다.

• 질문

1. 나는 삶을 어떤 시선으로 바라보고 있습니까? 내게 주어진 삶이 하나님의 선물이라고 이해합니까? 나의 삶을 책임 있게 꾸려 나가며, 내게 주어진 삶을 누리고 있습니까?
2. 나의 몸을 존중하고 있습니까? 내 몸이 보내는 신호를 무시하고 있지는 않습니까?
3. 내가 살고 있는 세상을 '선물'^{Gabe}인 동시에, '과제'^{Aufgabe}로서 감사하며 받아들이고 있습니까?
4. 오늘날 삶에 대한 참된 책임과 세상에 대한 참된 책임은 어떤 모양을 하고 있을까요?

• 감사와 기도

1. 하나님께서 내게 주신 생명과 몸, 모든 선물들에 대해 감사합니다.
2. 내가 더불어 살아가는 세상과 이 세상을 형성하고 가꾸어 나갈 수 있는 모든 가능성에 대해 감사합니다.
3. 모든 자원에 대해 감사하며, 책임감 있는 자세로 선한 청지기의 삶을 살아가기를 기도합니다.

30일
절제
Enthaltsamkeit

　예수님은 그분을 따르는 제자들이 금식의 경건 훈련을 하는 것이 당연하다고 전제하고 있습니다. 엄격한 절제 훈련은 예수님을 따르는 삶에 속한 것입니다. 그러한 경건 훈련의 유일한 목적은 예수님을 따르는 제자들이 그들에게 명령된 길과 맡겨진 사역을 더욱 즐겁고 기쁜 마음으로 감당하도록 하기 위함입니다. 동시에 봉사의 일을 하기 싫어하는 이기적이고 굼뜬 의지를 훈련하여, 육체를 굴복시키고 벌하려는 목적도 있습니다. 그리스도인의 삶이 세상과 멀어졌음을 뚜렷이 보여주는 것이 바로 절제 훈련입니다. 절제 훈련이 전혀 이루어지지 않는 삶, 시민 정의가 '허락했다'며 육체가 원하는 모든 것을 그대로 허락해 버리는 삶은 그리스도를 섬기도록 준비되는 것을 어렵게 합니다. 배부른 육체는 기도하기를 좋아하지 않으며, 많은 것을 포기해야 하는 섬김의 자리로 가려 하지 않습니다. (…) 마음은 원하지만, 육체가 약하다는 고백은 제자들에게 해당하는 말씀입니다. 그러니 "깨어서 기도하라"고 하신 것입니다. 영^{Geist}은 예수님을 따르는 자의 갈 길을 알고, 기꺼이 따를 준비가 되어 있지만, 육체는 그 길을 지나치게 두려워합니다. 그 길이 육체에게는 너무 괴롭고, 너무 불확실하며, 너무 힘든 길이기 때문입니다. 그래서 영은 침묵할 수밖에 없습니다. 영은 무조건적인 원수 사랑에 동의하지만, 혈과 육이 너무 강력해서 그 계명을 끝내 실행하지 못합니다. 그러므로 육체는 매일 비범한 연습과 훈련 안에서 자기에게 아무 권리가 없다는 것을 배워야만 합니다. 이를 위해 날마다 규칙적인 기도의 연습을 하는 것과 날마다 하나님의 말씀을 숙고하는 것은 매우 유익합니다. 또한 각종 육체의 훈련과 절제는 도움이 됩니다.

『나를 따르라』, DBW 4, 164

"이기기를 다투는 자마다 모든 일에 절제하나니"

(고전 9:25a)

"너는 기도할 때에 네 골방에 들어가 문을 닫고 은밀한 중에 계신 네 아버지께 기도하라 은밀한 중에 보시는 네 아버지께서 갚으시리라 또 기도할 때에 이방인과 같이 중언부언하지 말라 그들은 말을 많이 하여야 들으실 줄 생각하느니라 그러므로 그들을 본받지 말라 구하기 전에 너희에게 있어야 할 것을 하나님 너희 아버지께서 아시느니라"

(마 6:6-8)

　본회퍼가 '육체의 훈련'에 관해서 쓴 글을 읽으면, 우리 안에 부정적인 감정이 생길 수도 있을 것입니다. 하지만 여기서 말하는 육체의 훈련은 자기 신체를 벌하는 것이 아닙니다. 영지주의의[1] 분위기를 풍기는 신체에 대한 과소평가도 아닙니다. 본회퍼가 생각하는 절제와 금욕은 자유로운 의지로 무언가를 단념하거나 포기하는 것입니다. 그러한 금식은 그리스도인이 따르는 예수 그리스도를 향하도록 하는 일에 매우 유익합니다. 금식을 하면, 자기 뜻대로 행하려는 육신의 게으름을 방지할 수 있습니다. 금식은 예수님을 따르는 자가 성령의 지시대로 행하는데 도움이 됩니다. 그 사실을 본회퍼는 자신의 경험을 통해서 잘 알고 있었습니다. 특정한 것을 포기하거나 단념함으로써, 또 하나님을 향해 삶을 집중하는 가운데 삶의 우선순위가 세워지는 것입니다. 그렇게 함으로써 가장 먼저 하나님을 뜻을 알게 되고, 그 후에는 그 뜻대로 행하는 것이 가능해집니다. 우리가 원하는 모든 것을 항상 받는 것은 우리 자신에게 좋지 않습니다. 본회퍼는 칭스트와 핑켄발데 설교자 학교 학장을 지냈고, 그 후 힌터포메른에서 목사 후보생들을 은밀하게 지도하는 삶을 살았습니다. 본회퍼는 그 시간을 보내면서 어려운 생활 조건 아래 새로운 종류의 수도원적 공동생활을 영위했습니다. 그리고 그의 마지막 생애 몇 년은 감옥에서 보냈습니다. 그곳에서 자유뿐 아니라, 안락한 삶을 여러 가지 모양으로 포기해야 했습니다. 그러나 집중적이고 규칙적인 일상 생활을 통해, 그는 '연습과 훈련'의 삶을 부단히 살아갈 수 있었습니다.

• 질문

1. 절제, 금욕, 금식, 훈련이라는 단어를 떠올리면 어떤 감정이 듭니까? 자유입니까, 아니면 억압입니까?
2. 내 삶에 대한 하나님의 뜻을 더 잘 알고 행하기 위해서 무엇을 포기해야 하며, 무엇에 집중하는 것이 도움이 될까요?
3. 내가 살아가는 공간 속에서 개인인 나를 위해서나 또는 공동체를 위해서(가족, 교회) 어떤 규칙과 규범, 연습이 나에게 도움이 될 수 있을까요?

• 감사와 기도

1. 지금까지 내가 행할 수 있었던 포기와 단념의 모든 긍정적 경험에 대해 감사합니다.
2. "더 적은 것이 더 많은 것"임을 나의 삶 속에서 실행으로 옮기며 살아갈 수 있기를 기도합니다.
3. 우리 가족이나 교회 안에서 우선순위를 현명하게 정해 놓고 살 수 있기를 기도합니다.

31일

결혼
Ehe

결혼을 중매하는 분은 하나님이십니다. 결혼은 두 사람이 서로를 사랑하는 것, 그 이상입니다. 결혼에는 더 높은 차원의 위엄과 권위가 있습니다. 왜냐하면 결혼은 하나님이 제정하신 거룩한 제도이기 때문입니다. 하나님은 결혼을 통해서 인간이 세상 마지막 날까지 보존되기를 원하십니다. 두 사람이 서로 사랑하는 것은, 이 세상에서 오직 그들 자신만 바라보는 것입니다. 하지만, 결혼은 두 사람이 이어지는 세대들 가운데 한 세대가 되는 길입니다. 하나님은 그분의 영광을 위하여 한 세대가 가고 또 오게 하시며, 그분의 나라로 부르십니다. 두 사람이 서로 사랑하는 것은, 그들 자신의 행복이라는 하늘만 바라보는 것입니다. 하지만, 결혼은 책임을 감당하면서 세상과 인간 공동체 안으로 들어가는 것입니다. 두 사람이 서로 사랑하는 것은, 그들에게만 속한 것이며 개인적인 것입니다. 하지만, 결혼은 개인적인 차원을 넘어서서 하나의 신분이며, 하나의 직분입니다. 왕이 되는 길은 지배하려는 의지가 아니라, 왕관입니다. 이처럼 하나님과 사람 앞에서 부부가 되는 길은, 서로에 대한 사랑이 아닌 결혼입니다. (…) 두 사람의 사랑이 결혼을 지탱해 주는 것이 아니라, 이제부터는 결혼이 두 사람의 사랑을 지탱해 줄 것입니다. 하나님은 두 사람의 결혼이 파기될 수 없도록 하십니다. (…) 하나님이 결혼을 통해 두 사람을 짝지어 주십니다. 그대들이 아니라, 하나님이 서로를 연결해 주십니다. 서로에 대한 사랑을 하나님과 혼동하지 마십시오. 하나님이 그대들의 결혼을 파기할 수 없게 하시며, 하나님이 안팎으로부터 위협하는 모든 위험에서 결혼을 지켜 주십니다. 하나님은 파기할 수 없는 결혼의 보증이 되시길 원하십니다. 이것은 세상의 어떤 권력이나 유혹도, 인간이 가진 연약함도, 결코 하나님이 짝지어 주신 것을 파기할 수 없다는 사실을 아는 사람에게 기쁜 확신입니다. (…) 사랑에 항상 내재해 있는 온갖 불안에서 벗어나, 이제 두 사람은 확신 가운데 서로에게 말할 수 있습니다. "우리 둘은 결코 헤어지지 않으며, 하나님의 뜻으로 말미암아 죽을 때까지 서로에게 속할 수 있습니다."

『저항과 복종』, DBW 8, 75이하

"바리새인들이 예수께 나아와 그를 시험하여 이르되 사람이 어떤 이유가 있으면 그 아내를 버리는 것이 옳으니이까 예수께서 대답하여 이르시되 사람을 지으신 이가 본래 그들을 남자와 여자로 지으시고 말씀하시기를 그러므로 사람이 그 부모를 떠나서 아내에게 합하여 그 둘이 한 몸이 될지니라 하신 것을 읽지 못하였느냐 그런즉 이제 둘이 아니요 한 몸이니 그러므로 하나님이 짝지어 주신 것을 사람이 나누지 못할지니라 하시니"

(마 19:3-6)

본회퍼는 1943년 5월 15일 테겔 감옥에서 레나테와 에버하르트 베트게의 결혼을 앞두고 축하 편지를 써서 보냈습니다. 본회퍼가 감옥에서 쓴 주례사는 결혼을 하나의 언약으로 보고 있습니다. 결혼E-H-E이란 한 여성Eine이 주님Herrn을 통해서 한 남성Einer과 연합되는 것이라고 말할 수 있을 것입니다. 동시에 두 사람은 더 큰 관계 속으로 서로 연결됩니다. 본회퍼는 여기시 사랑과 결혼을 서로 분리시키고 있으며, 마치 거의 반대편에 있기라도 하듯 묘사합니다. 그러면서 결혼은 아주 긍정적인 것으로, 결혼에 비해 사랑은 부정적으로 그리고 있습니다. 여기서 본회퍼가 말하는 사랑은 인간 사이에 작용하는 것으로서, 두 사람이 서로 좋게 말하며 편하게 대하면 만족할 수 있는 것입니다. 그에 반해서 결혼은 하나님에 의해 제정된 것이라고 봅니다. 그러므로 결혼은 흔들리기 쉬운 감정이 아니라, 굳건한 질서입니다. 여기서 사람들은 다음과 같은 의문을 품을 것입니다. 하나님 안에 견고하게 닻을 내린 사랑이라면 (요일 4:16), 즉 사랑을 신학적으로 이해한다면, 그 이상의 것이라고 말해야 되지 않겠습니까? 그러나 여기서 본회퍼는 세상에서 흔히 볼 수 있는 사랑, 즉 오늘날 세상에 널리 퍼져 있는 사랑에 관해서 말하는 것입니다. 또한 우리 나라의 이혼율을 보면, 결혼이 정말 그렇게 견고한 것인지에 대한 의문을 품을 수도 있을 것입니다. 그러나 본회퍼는 결혼을 다른 시각에서 바라보고 있습니다. 즉, 그는 결혼을 하나님 나라의 시각에서 바라보고 있습니다. 모든 것이 불확실하고 흔들리더라도, 하나님의 거룩한 질서에 기초를 둔 견고한 결혼의 위치에 결정적인 방점을 찍고 있는 것입니다. 이러한 결혼 상태는 선물인 동시에 과제이기도 합니다. 그리고 분명 시간적으로 제한이 없는 "죽음이 그들을 갈라놓을 때까지"라고 표현할 수 있는 것이 결혼입니다.

• 질문

1. 나는 결혼을 어떻게 생각하고 있습니까? 한 남성과 한 여성의 영속적인 연합으로 이해합니까? 아니면 상대적으로 생각합니까? 성경적, 신학적으로 최종적인 근거를 제시할 수 있습니까? 루터식으로 말해서, 결혼은 "세상적인 것"입니까, 아니면 "거룩한 지위"입니까? 아니면 둘 다입니까?
2. 나는 결혼과 사랑을 어떻게 서로 연관시키려 합니까? 결혼이 사랑을 지탱해 주는 것이라고 생각하고 있습니까?

• 감사와 기도

1. 결혼이라는 거룩한 제도와 결혼에 부여된 축복에 대해 감사합니다.
2. 결혼한 부부가 서로 함께 그들 자신의 결혼을 가꾸어 나가며, 하나님의 약속과 함께하심을 신뢰하고 위기를 극복해 나가기를 기도합니다.
3. 모든 미혼자들과 홀로 된 자들이 깊은 충만을 경험할 수 있기를 기도합니다.
4. 모든 사람들에게 합당한 배우자를 만나고자 하는 동경이 주어지기를 기도합니다.

32일

자녀
Kinder

하나님은 우리의 결혼 생활에 축복과 함께 짐을 지우셨습니다. 축복은 후손에 대한 약속입니다. 하나님은 인간으로 하여금 그분의 영속적인 창조 사역에 참여하게 하십니다. 그러나 자녀를 주셔서 결혼을 축복하시는 분은 언제나 하나님이십니다. "자녀는 하나님의 선물"(시 127:3)입니다. 우리는 자녀를 하나님의 선물로 인식해야 합니다. 부모는 자녀를 하나님에게서 받았으며, 다시 하나님께로 인도해야 합니다. 부모에게는 자녀에 대한 신적인 권위가 부여되어 있습니다. 루터는 하나님이 부모에게 "황금 사슬"을 둘러 주셨다고 말합니다. 십계명의 제5계명을 지키면, 성경 말씀대로 땅에서 장수하는 특별한 약속이 주어져 있습니다. 그러나 인간이 땅에 사는 동안 하나님께서는 이 땅이 죄의 저주 아래 있고, 궁극적인 것이 아님을 기억하도록 하십니다. 아내와 남편의 운명 위에는 신적인 저주의 말씀이라는 어두운 그림자가 드리워져 있습니다. 그들이 짊어져야만 하는 신적인 부담이 있습니다. 아내는 고통 속에서 자녀를 해산해야 하며, 남편은 가족을 부양해야 하는 책임이 있습니다. 그래서 많은 가시덤불과 엉겅퀴 속에서, 얼굴에 땀을 흘리며 일해야 합니다. 이러한 짐은 남편과 아내로 하여금 하나님을 찾게 하며, 그들이 가야할 영원한 목적지가 하나님 나라임을 기억하도록 합니다. 지상에서 가정 공동체를 이루는 것은 영원한 공동체의 시작일 뿐이며, 지상에 있는 집은 하늘에 있는 집의 모형일 뿐입니다. 지상의 가족은 하나님이 온 인류의 아버지가 되시며, 온 인류는 하나님 앞에서 그분의 자녀들임을 보여 줍니다.

『저항과 복종』, DBW 8, 78 이하

"사람들이 예수께서 만져 주심을 바라고 어린 아이들을 데리고 오매 제자들이 꾸짖거늘 예수께서 보시고 노하시어 이르시되 어린 아이들이 내게 오는 것을 용납하고 금하지 말라 하나님의 나라가 이런 자의 것이니라 내가 진실로 너희에게 이르노니 누구든지 하나님의 나라를 어린 아이와 같이 받들지 않는 자는 결단코 그 곳에 들어가지 못하리라 하시고 그 어린 아이들을 안고 그들 위에 안수하시고 축복하시니라"

(막 10:13-16)

본회퍼는 테겔 형무소에서 레나테와 에버하르트 베트게에게 결혼 축하 메시지를 보냈습니다. 이 편지에는 자녀들에 대한 본회퍼의 생각이 담겨 있습니다. 본회퍼는 자녀를 낳음으로써 남자와 여자가 하나님의 창조 역사에 참여하는 것이라고 봅니다. 자녀는 결혼의 열매이며, 하나님은 은혜로 자녀를 선물하시는 것이라고 이해합니다. 본회퍼는 형장의 이슬이 되어 죽음에 이르는 순간까지 독신이었습니다. 그러나 그는 대가족의 일원이었습니다. 그는 여덟 명의 형제 중 여섯 번째로 태어났습니다. 그는 자녀들이 잘 성장할 수 있기 위해서는 견고한 테두리가 필요하다는 의식이 있었습니다. 에버하르트 베트게는 본회퍼가 엄격하고 단호하면서도, 동시에 풍성한 사랑 속에 보호 받으며 자랐다고 전합니다. 본회퍼는 재능을 살려 주고 키워 주는 가정 교육을 받으며 성장하였습니다. 지난 100년의 세월이 지나는 동안 대부분의 전통들이 변한 것은 분명합니다. 그러나 본회퍼가 말하는 규칙적인 일상과 분명한 생활 규범이라는 견고한 테두리는 변함없이 중요합니다. 본회퍼가 말하는 견고한 테두리는 더욱 복잡하고 더욱 불확실해진 세상에서 이전보다 더 중요하지 않을까 생각합니다. 본회퍼는 '권위'에 대해서도 언급했습니다. 1944년 1월 본회퍼는 약혼녀 마리아 폰 베데마이어에게 이렇게 썼습니다. "오늘날 사람들은 대부분 너무 유약해서, 혹시라도 자녀의 사랑을 잃어버리지 않을까 두려워하며 자신을 자녀들의 동료나 친구 정도로 깎아내립니다. 결국 그러한 태도로 인해 부모의 자격을 상실해 버리고 맙니다. 나는 이러한 참되지 않은 자녀 양육 태도가 몹시 불쾌하게 느껴집니다."[v] 예수님은 어린아이들을 아주 귀한 존재로 여기며 대하셨습니다. 흥미롭게도 어제와 오늘 인용한 성경 구절 마태복음 19장과 마가복음 10장은 이어지는 이야기입니다. 예수님께서 결혼에 대해 말씀하신 후, 어린아이를 영접하시는 이야기가 전개되고 있습니다. 결혼과 마찬가지로, 부부에게 자녀는 선물인 동시에 과제입니다. 그러나 결혼과는 반대로 자녀양육의 과제는 자녀들을 품에서 떠나 보내기까지 시간적으로 한정되어 있는 과제입니다.

• 질문

1. 내가 체험한 후손에 대한 축복과 그들로 인한 근심의 짐은 어떤 것이 있습니까?
2. 나 자신의 어린 시절에 대한 기억에 남아 있는 것은 무엇입니까?
3. 우리는 부유한 나라들에서 높은 낙태율을 보이는 시대에 살고 있습니다. 이런 시대를 살아가는 우리가 어떻게 자녀를 낳아서 키우는 용기와 선한 시각을 갖도록 고무할 수 있겠습니까?

• 감사와 기도

1. 나의 어린 시절과 나의 자녀들이 경험한 모든 축복에 대해 감사합니다.
2. 어린 시절에 받은 나의 상처가 치유되도록 기도합니다.
3. 자녀를 원함에도 불구하고, 자녀를 낳지 못하는 부부들이 있습니다. 그들에게 감당할 수 있는 힘을 주시도록 기도합니다.
4. 내가 하늘 아버지의 자녀라는 사실에 대해 더 깊은 시야를 열어 주시기를 기도합니다.

33일

부재
Abwesenheit

　가장 먼저 우리가 알아야 할 것은, 사랑하는 사람의 빈 자리를 대신할 수 있는 것은 아무것도 없다는 사실입니다. 아예 처음부터 그러한 시도를 하려고 해서도 안 됩니다. 그저 참고 끝까지 견디는 길이 있을 뿐입니다. 이 말은 처음에는 매우 혹독하게 들리지만, 그 자체가 아주 커다란 위로임을 알 수 있습니다. 왜냐하면 사랑하는 사람의 빈 공간을 비워진 채로 남겨놓을 때, 이러한 빈 공간을 통해 그들이 서로 연결될 수 있기 때문입니다. 하나님이 빈 공간을 채워 주신다고 말하는 것은 잘못입니다. 하나님은 빈 공간을 채워 주지 않으시며, 비어 있는 채로 두십니다. 그리고 이를 통해 우리의 참된 교제가 지켜지고 보존되도록 노우십니다. 비록 그것이 아픔일지라도 그렇습니다. 사랑하는 사람에 대한 기억이 아름답고 가슴 벅찰수록, 떨어져 있는 아픔은 더욱 쓰라립니다. 그러나 감사는 이러한 아름다운 기억의 고통이 고요한 기쁨으로 바뀌도록 합니다. 아름다운 과거를 자기 안에 가시처럼 품고 사는 것이 아니라, 보배로운 선물로 간직하는 것입니다. 우리는 아름다운 기억들을 헤집거나, 그것들에 파묻혀 버리지 않도록 조심해야 합니다. 이는 마치 우리가 소중한 선물을 끊임없이 펼쳐 보지 않고, 특별한 시간에만 꺼내 보는 것과도 같습니다. 이는 마치 보물을 숨겨 놓고, 그 보물을 소유하고 있다는 확신으로 인해 지속적인 기쁨과 힘을 얻는 것과도 같습니다. 무엇보다도 이별의 시간은 앞으로 함께 지낼 인생을 위해 결코 잃어버린 시간이 아닙니다. 결코 아무 열매 없이 흘러가 버린 시간이 아닙니다. 꼭 그런 시간을 가져야 할 필요는 없습니다. 그러나 그 시간들은 온갖 난관에도 불구하고, 눈에 띌 정도로 강한 유대감을 갖게 합니다. 내가 이곳에서 항상 경험하는 것은, 이러한 사태가 언제나 극복될 수 있다는 사실입니다. 단지 걱정과 두려움이 이러한 이별을 미리 극도로 버거운 것으로 만들 뿐입니다. 아침에 눈을 뜰 때부터 밤에 잠이 들 때까지, 타인을 전적으로 하나님께 맡기고 그분의 손에 올려 드려야 합니다. 타인에 대한 우리의 걱정은 그들을 위한 기도가 되어야 합니다.

『저항과 복종』, DBW 8, 255 이하

"너는 나를 도장 같이 마음에 품고 도장 같이 팔에 두라 사랑은 죽음 같이 강하고 질투는 스올 같이 잔인하며 불길 같이 일어나니 그 기세가 여호와의 불과 같으니라 많은 물도 이 사랑을 끄지 못하겠고 홍수라도 삼키지 못하나니 사람이 그의 온 가산을 다 주고 사랑과 바꾸려 할지라도 오히려 멸시를 받으리라"

(아가 8:6, 7)

　1943년 크리스마스 이브에 디트리히 본회퍼는 레나테와 에버하르트 베트게에게 목회 상담적인 편지를 썼습니다. 그의 친구와 조카(레나테는 본회퍼의 큰 누나의 딸)는 1943년 5월 15일에 결혼했습니다. 본회퍼는 옥중에서 그들을 위한 결혼 축하 편지를 써서 보냈습니다. 우리가 '결혼'과 '자녀'에서 다룬 내용이 바로 그것입니다. 결혼 축하 편지는 본회퍼가 남긴 글들 중에서도 결혼에 대한 가장 깊은 해석을 담고 있다고 할 것입니다. 그리고 성탄 전야에 쓴 이 글은 아마도 이별의 시간을 보내는 자세에 대해 가장 강렬하게 쓴 문구라고 하겠습니다. 이탈리아에 주둔하고 있던 부대에서 서기 직책을 맡은 베트게는 그의 부대로 복귀해야 했고, 레나테와 헤어져야 할 시간이 다가오고 있었습니다. 두 사람이 언제 다시 만날 수 있을지도 불확실하기만 했습니다. 한편 레나테는 첫 아기인 디트리히 베트게를 임신하였고, 아기는 1944년 5월에 태어났습니다. 신혼부부는 본회퍼와 마리아 폰 베데마이어와 비슷하게 17살이라는 엄청난 나이 차이가 있었습니다. 그러므로 본회퍼는 자기보다 세 살 아래 친구와 어린 신부의 감정이 어떠할지 잘 이해할 수 있었습니다. 무엇보다 그 자신이 사랑하는 모든 사람과 계절이 세 번 바뀌는 동안 이별의 시간을 보내는 경험을 하면서 쓴 편지였습니다. 형제에 대한 따뜻한 마음과 냉철하면서도 깊이 공감하는 심정으로 본회퍼는 이별을 앞두고 있는 두 사람에게 부재의 경험을 묘사하고 있습니다. 그러면서 가장 혹독한 것이 도리어 가장 큰 위로가 된다는 사실을 역설하고 있습니다. 그 이유는 모든 아픔은 성숙한 사랑과 애정의 이면에 불과하기 때문입니다. 본회퍼는 서로에 대한 감사와 기억의 소중함, 깊은 관계로 가는데 있어 이별의 경험이 주는 가치를 강조하고 있습니다. 근심 걱정이 생길 때마다, 그것을 끊임없이 기도로 올려 드리는 자세가 결정적으로 중요하다는 것입니다.

• 질문

1. 사랑하는 사람과 일정 기간에 걸쳐 이별의 경험을 해 본 적이 있습니까? 그때 어떤 어려움이 있었습니까? 이러한 경험이 결실로 이어진 것은 무엇이었습니까?
2. 당신은 타인에 대한 염려와 걱정을 기도로 올려 드리는 일이 쉬운가요?
3. 당신은 이미 영원한 이별을 경험한 적이 있습니까? 그 이별을 어떤 방법으로 해결했습니까?

• 감사와 기도

1. 나의 결혼과 여러 관계들, 친구들과의 우정을 축복해 주신 하나님께 감사드립니다.
2. 모든 이별의 경험 속에 하나님께서 가까이 하심을 감사합니다.
3. 나와 타인들이 지금 단념의 경험을 하며, 포기의 시간 속에 있다면, 하나님께서 지켜 주시고, 성장하게 하시며, 감사의 기억으로 남도록 도우시기를 기도합니다.
4. 근심과 이별의 힘든 시간을 보내고 있는 사람들을 치유해 주시기를 간구합니다.

34일

아침
Morgen

이른 아침 주님께 기도합니다.

저 혼자 힘으로는 할 수 없으니

제가 기도할 수 있도록 도우시고

저의 흩어진 생각을 모아 주소서.

제 속에는 어둠이 있으나 주님 곁에는 빛이 있습니다.

저는 고독하나 주님은 저를 버리지 않으십니다.

저는 무력하나 주님께는 도움이 있습니다.

저는 불안하나 주님께는 평화가 있습니다.

저는 견딜 수 없이 괴로우나 주님께는 인내가 있습니다.

저는 주님의 길을 이해하지 못하나

주님은 저를 위한 올바른 길을 알고 계십니다.

『저항과 복종』, DBW 8, 204 이하

"주 여호와께서 학자들의 혀를 내게 주사 나로 곤고한 자를 말로 어떻게 도와 줄 줄을 알게 하시고 아침마다 깨우치시되 나의 귀를 깨우치사 학자들 같이 알아듣게 하시도다 주 여호와께서 나의 귀를 여셨으므로 내가 거역하지도 아니하며 뒤로 물러가지도 아니하며"

(이사야 50:4, 5)

위의 아침 기도는 본회퍼가 테겔 형무소에 함께 수감되어 있던 사람들을 위해서 쓴 기도문입니다. 그의 저서 『성도의 공동생활』에서 본회퍼는 아침의 영적인 의미에 대해 이미 서술한 바 있습니다. 이러한 사상의 배경에는 핑겐발데 설교자 학교(1935-37)에서 겪은 일상의 경험이 있습니다. 핑겐발데의 하루는 "이른 아침 함께 모여 예배를 드리면서"(DBW 5, 37) 시작되었습니다. 함께 드리는 기도와 찬송이 밤의 침묵을 깨고 아침의 고요함 속에 하루가 시작되었습니다. 이러한 매일의 시간은 우선 순위가 어디에 있는지를 보여 줍니다. 아침 기도는 우리의 말과 생각의 첫 자리를 하나님께 드리는 삶에 속한 것입니다. 이러한 사고를 뒷받침해 주는 성경 구절로 본회퍼는 시편 말씀들(시 5:4, 46:6, 57:8 이하, 63:2, 88:14, 119:147)과 구약의 지혜서들을 들고 있습니다. 그날을 만드신 분이 하나님이시므로, 하나님은 모든 새로운 날의 주님이십니다. 날마다 예수 그리스도의 빛이 밤의 어둠을 뚫고 들어옵니다. 그 빛은 하루를 시작하며 부담스럽게 다가오는 무거운 짐과 어려움들을 다른 시각으로 바라볼 수 있게 합니다.

본회퍼는 아침 일찍 하나님의 임재를 구하며 사는 사람은 하루의 삶이 전혀 다르다는 사실을 확신하였습니다. 그 사람은 평안과 확신 가운데 하루를 살아갈 수 있다고 믿었습니다. 본회퍼는 자신의 경험을 통해, 엉클어진 생각들과 쓸데없는 말들이 하루를 어떻게 망칠 수 있는지를 알았습니다. 하루의 시작부터 "우리 전 인생의 주인이신 분께"(DBW 5, 37) 주의를 기울이는 것은, 우리가 본질적인 것에 집중하여 한계선을 긋도록 하는 데 유익하며 도움을 줄 수 있습니다. 궁극적으로 중요한 것은 항상 어떤 생각과 말이 우리 삶을 채우고 있는지에 달려 있기 때문입니다. 본회퍼는 성경 인물들, 즉 아브라함, 야곱, 모세, 여호수아, 심지어 예수님도 하나님의 임재를 구하며, 아침 일찍 일어났다는 사실을 상기시켜 줍니다.

테겔 형무소에서 쓴 "동료 수감자들을 위한 아침 기도"는 이러한 확신에서 나왔습니다. 본회퍼는 1935년 여름 "아침에 대한 성경적 소고"에서 이렇게 썼습니다. "아침 일찍 하나님을 찾고, 자신의 빈곤을 하나님께 들고 나가는 것은 가치 있는 일입니다. 어둠과 고독, 무력함과 불안, 괴로움과 몰이해가 우리를 덮쳐올 때, 우리는 하나님의 빛과 사귐, 도우심과 평화, 인내와 인도하심을 향해 신뢰의 손을 뻗칩니다." (DBW 14, 871-875)

• 질문

1. 나는 하루를 어떻게 시작하고 있습니까? 이른 아침에 하나님께서 나의 생각과 말을 각인하실 수 있도록 합니까? 그렇게 하지 못하도록 방해하는 것은 무엇입니까?
2. 헤른후트 로중을 읽거나 공동체 성경 읽기의 성경 본문을 읽는 것이 매일 하나님을 찾도록 하는 데 도움이 될 수 있을까요?
3. "우리를 당황하게 하는 일들이 하나님의 기회"가 될 수 있고, "우리가 가진 문제들이 하나님의 기적을 위한 자료"(코리 텐 붐)가 된다는 것을 신뢰합니까?

• 감사와 기도

1. 하나님께서 제게 선사하신 오늘 아침과 새로운 하루에 대해 감사합니다.
2. 하나님께서 오늘도 저를 만나 주시고, 삶을 풍성하게 채워 주신 것을 감사합니다.
3. 하나님께서 나의 연약함과 불안을 변화시킬 힘을 주시기를 간구합니다.
4. 오늘도 근심과 걱정, 두려움으로 가득차서 하루를 시작하는 사람들을 위해 하나님의 도우심을 구합니다.
5. 이른 아침에 다른 그리스도인들과 함께 하나님을 만나는 기회를 가질 수 있기를 기도합니다(기도, 성경 읽기, 묵상).

35일

저녁
Abend

주 나의 하나님,

오늘 하루를 마치게 하시니 감사합니다.

이제 몸과 영혼이 쉴 수 있게 하시니 감사합니다.

오늘 하루도 주님의 손이 제 위에 계시며

저를 보호하시고 지켜 주셨습니다.

오늘도 저의 작은 믿음을 용서하시고

제가 행한 모든 잘못을 용서해 주십시오.

그리고 제게 잘못을 범한 모든 사람들을

기꺼이 용서할 수 있도록 도와주십시오.

주님의 보호 아래 평화롭게 잠들게 하시며

어둠의 공격으로부터 지켜 주십시오

사랑하는 모든 사람들을 주님께 맡깁니다.

이곳 형무소도 주님께 맡깁니다.

나의 몸과 나의 영혼을 주님께 맡깁니다.

하나님, 당신의 거룩한 이름이 찬송을 받으소서. 아멘.

『저항과 복종』, DBW 8, 207

"그들이 가는 마을에 가까이 가매 예수는 더 가려 하는 것 같이 하시니 그들이 강권하여 이르되 우리와 함께 유하사이다 때가 저물어가고 날이 이미 기울었나이다 하니 이에 그들과 함께 유하러 들어가시니라"

(눅 24: 28, 29)

저녁 기도는 하루를 마치면서 하나님 안에 닻을 내리는 기도입니다. 그날 하루를 하나님 손에 올려 드리는 기도입니다. 저녁 기도는 감사와 연결되어 있습니다. 하나님은 그날의 주인입니다. 하나님은 하루를 돌이켜 생각하는 우리에게 쉼과 평안을 누리도록 도우실 수 있습니다. 여기서 죄 용서는 중요한 역할을 합니다. 한편으로는 그날 하루의 삶에서 잘못한 일, 우리를 괴롭히는 죄책을 하나님 앞에 내어 놓고 모든 죄에 대한 용서를 구하며 기도해야 합니다. 다른 한편으로는 우리에게 잘못을 범한 모든 사람을 용서하며, 또 모든 것을 놓아 줄 수 있도록 기도해야 합니다. "분을 내어도 죄를 짓지 말며 해가 지도록 분을 품지 말고"(엡 4:26) 이러한 평화 속에 밤을 맞이할 수 있다면, 그 사람은 평안하게 잠들 수 있습니다. 더 나아가 고대교회의 위대한 신학자들이나 광야의 교부들과 마찬가지로, 본회퍼 역시 어두움의 세력은 위협적으로 역사할 수 있음을 알았습니다. 심지어 꿈속에서조차 우리를 공격하여 유혹할 수 있음을 알았습니다. 그러므로 저녁 기도는 단순히 보호해 주시고 지켜달라는 형식적인 간구가 아닙니다. 저녁 기도는 아주 진지하게 드려지는 절박한 기도입니다. 여기서 저녁 기도는 단지 기도자 자신을 위한 기도에 머물지 않습니다. 저녁 기도는 가족과 친구들을 축복해 주시도록 간구하며, 하나님에 대한 찬양으로 끝을 맺습니다.

본회퍼의 저서 『성도의 공동생활』에서 본회퍼는 저녁의 영적인 의미에 대해 숙고하고 있습니다. 이러한 숙고는 4년 후에 쓴 『수감자들을 위한 저녁 기도』에서 다시 발견할 수 있습니다. 핑켄발데 설교자 학교에서의 연구와 공동체적 삶을 위한 저녁 기도는 "참으로 하루의 마지막에 드리는 기도여야 했고, 그리하여 밤의 안식에 들어가기 전에 마지막 말이 되어야"(DBW 5, 62) 했습니다. 이러한 저녁 기도는 시편 기도와 성경 읽기, 찬송, 중보기도가 포함된 공동의 기도로 이루어졌습니다. 자신의 하루 일과를 마친 후, 우리는 확신 가운데 모든 것을 하나님 손에 올려 드리고 맡길 수 있습니다. 자신의 잘못에 대한 용서를 구하는 기도와 다른 사람들이 범한 잘못에 대해 기꺼이 용서할 수 있는 태도가 본회퍼 사상의 이론과 실천에서 광범위한 영향을 미치고 있습니다. "모든 기독교 공동체의 규칙에서 결정적으로 중요한 것은 하루 동안 일어난 모든 분열이 저녁에는 치유되어야만 한다는 것입니다. 화해하지 못한 마음으로 잠자리에 드는 것은 그리스도인에게 아주 위험한 일입니다."(DBW 5, 63)

• 질문

1. 나는 하루를 어떻게 마치고 있습니까? 분열 가운데, 피곤에 지친 상태로 잠자리에 듭니까? 아니면 하루를 돌아보며 반성하는 시간, 하나님께 감사를 올려드리는 시간을 갖고 있습니까?
2. 하나님이 우리에게 저녁을 선사하시고, 하루 일과를 마치도록 하신 것을 감사하며 살고 있습니까? 나는 그날 하루의 일을 내려놓고, 모든 것을 하나님 손에 올려드리며 맡길 수 있습니까? 아니면 잠자리에 누워서도 걱정과 염려를 가득 안고서 완성하지 못한 일들을 붙잡고 있습니까?
3. 저녁에 잠을 잘 때에도 나의 곁에 계시도록 하나님을 초청해 본 적이 있습니까?

• 감사와 기도

1. 낮과 밤, 아침과 저녁의 건강한 리듬을 주신 하나님께 감사합니다.
2. 하나님의 임재를 감사하며, 나의 시간이 하나님의 손에 놓여 있음을 감사합니다.
3. 하루의 삶을 평안한 시선으로 바라볼 수 있기를 기도합니다.
4. 날마다 하루를 마치며 나 자신의 죄에 대해 하나님의 용서를 받아 누리길 기도합니다. 또한 나에게 잘못을 범한 타인의 죄를 용서하기를 기도합니다.

36일

잠
Schlafen

　예전의 모든 저녁 기도문들에서 발견되는 특이한 점이 있습니다. 그것은 밤의 놀람과 악마, 갑작스럽고 불행한 죽음으로부터 자신을 지켜달라는 간구들이 매우 많다는 사실입니다. 옛사람들은 잠든 인간의 무력함, 잠과 죽음의 유사성, 무방비 상태 속에 있는 인간을 타락시키는 악마의 술수를 알고 있었습니다. 그래서 그들은 사탄이 우리를 지배하려 할 때, 거룩한 천사들이 황금 무기를 들고서 지켜 달라고 간구했습니다. 또 하나님의 군대가 함께해 주시기를 간구했습니다. 우리가 눈을 감고 잠들어 있는 동안에도, 우리 마음은 하나님을 향해 깨어 있기를 간구했습니다. 이러한 고대교회의 기도는 가장 기이하면서도 깊은 기도라 하겠습니다. 이 기도는 우리가 아무것도 느끼지 못하고 알지 못하는 순간에도, 하나님께서 우리 곁에 계시며 우리 안에 거하시기를 간구하는 기도입니다. 이 기도는 하나님께서 모든 염려와 밤의 유혹으로부터 우리 마음을 순결하고 거룩하게 지켜 주시기를 바라는 간구입니다. 이 기도는 언제든 하나님의 부르심을 들을 수 있도록 준비되어 있기를 원하는 기도입니다. 이 기도는 아이 사무엘처럼 밤에라도 응답할 준비가 되어 있고자 간구하는 기도입니다. "말씀하옵소서. 주의 종이 듣겠나이다."(삼상 3:10) 잠자는 중에도 우리는 하나님의 손에 붙들려 있을 수도 있고, 또 악의 손아귀에 빠져들어 갈 수도 있습니다. 우리가 잠자는 동안에 하나님께서 우리에게 기적을 행하실 수도 있고, 반대로 악이 우리를 파괴하고 짓밟을 수도 있습니다.

『성도의 공동생활』, DBW 5, 63 이하

_____

_____

_____

_____

"내가 산을 향하여 눈을 들리라 나의 도움이 어디서 올까 나의 도움은 천지를 지으신 여호와에게서로다 여호와께서 너를 실족하지 아니하게 하시며 너를 지키시는 이가 졸지 아니하시리로다 이스라엘을 지키시는 이는 졸지도 아니하시고 주무시지도 아니하시리로다 여호와는 너를 지키시는 이시라 여호와께서 네 오른쪽에서 네 그늘이 되시나니 낮의 해가 너를 상하게 하지 아니하며 밤의 달도 너를 해치지 아니하리로다"

(시 121:1-6)

잠은 휴식과 회복의 시간입니다. 잠과 함께 자동적으로 휴식이 찾아오고, 긴장이 풀어진다고 생각하기도 합니다. 하지만, 실상은 그렇지 않음을 우리 모두 잘 알고 있습니다. 때로는 전혀 잠을 이루지 못한 채 뒤척일 수도 있고, 때로는 잠을 자면서 악몽이나 불안한 생각에 시달릴 수도 있기 때문입니다.

본회퍼는 잠에 대한 깊은 통찰을 보여 줍니다. 우리 인간이 근본적으로 투쟁하는 존재라는 사실에 대한 서술이 그것입니다. 하나님과 그분의 군대, 사탄과 악의 세력이 우리 주변에서 격렬한 싸움을 벌이고 있습니다. 1933년 1월, 본회퍼는 호수에서 갑자기 일어난 돌풍과 잠들어 계신 예수님에 대해(마 8:23 이하) 설교를 하였습니다. 본회퍼는 설교를 통해서 예기치 못한 이러한 돌풍이 이미 예수님과 함께 믿음의 길을 걸어가는 그리스도인에게 일어난다는 사실을 보여 줍니다. "그리스도께서 함께 배를 타고 있는 곳에는 항상 돌풍이 몰아치기 시작합니다. 거기서 세상은 모든 악한 권세와 힘을 합하여 그리스도를 공격합니다. 세상은 그리스도뿐 아니라, 그분의 제자들을 함께 파멸시켜려 합니다. 세상은 그리스도에게 반기를 들고 대적하며, 그리스도를 미워합니다. 그리스도인은 이 사실을 알아야 합니다.(DBW 12, 446)

우리 인생과 생각을 둘러싸고 일어나는 투쟁은 잠들어 있는 동안에도 계속 진행됩니다. 초대교회 신학자들은 이미 그 사실을 잘 알고 있었습니다. 본회퍼는 이러한 견해를 받아들이고 있습니다. 그리고 그리스도인들이 몸과 영혼의 휴식을 얻으려면 반드시 하나님의 도우심이 필요함을 강조합니다.

본회퍼는 잠들어 있는 아담의 예를 들어 이렇게 서술합니다. "하나님은 아담이 잠들어 있는 동안 일하셨습니다. 아담이 잠들어 있는 동안 하나님은 인간이 다 이해할 수 없고, 그 이유를 완전히 알 수 없는 일을 행하셨습니다."(DBW 3, 90) 동시에 잠은 무엇보다 우리 육체와 관련이 있으며, 잠자는 동안 영과 혼은 마치 죽음과 마찬가지로 그리스도에게 열려 있습니다. "잠은 휴식의 상태인 동시에 땅에서 하나님의 일에 참여하는 것이기도 합니다. 다시 말해, 잠을 자는 것은 아무것도 하지 않는 상태가 아닙니다"(DBW 15, 359). 한편, 우리는 성경을 통해 하나님이 반복해서 인간에게 꿈속에서 말씀하신다는 사실을 발견할 수 있습니다. 또 꿈을 통해서 무언가를 계시해 주심을 알 수 있습니다. 다른 한편으로는 낮에 나를 괴롭히던 일이 있다든지, 내가 놓아주지 못하고 붙들고 있는 문제들이 있으면, 그것은 "종종 밤의 유령이 되어 나타나곤 합니다"(DBW 14, 872). 그리고 그러한 꿈들이 다음 날을 결정해 버리기도 합니다. 그러므로 우리가 어떤 생각을 하며 잠이 드는가는 중요합니다. 그것이 우리 자신을 어떤 권세에 맡기고 내어 주는지를 결정하기 때문입니다.

• 질문

1. 당신은 어떤 심신 상태로 잠을 청합니까? 근심 걱정입니까? 아니면 확신 속에 잠이 듭니까? 당신은 평화롭게 잠을 잘 수 있습니까? 아니면 불안한 마음으로 잠을 청합니까?
2. 잠을 잘 때에도 내가 전투 중에 있는 존재라는 사실을 알고 있습니까?
3. 하나님께서 꿈을 통해 무언가를 계시하신 적이 있습니까?

• 감사와 기도

1. 하나님께서 잠을 자는 동안 선사해 주신 모든 쉼과 회복에 대해 감사합니다. 제가 잠을 자는 동안 지켜 주심을 감사합니다.
2. 우리가 휴식을 취할 때도 하나님은 주무시지 않으시고, 우리 위에 계셔서 지켜 주심을 감사합니다.
3. 밤에 나의 생각과 꿈을 하나님께서 주장해 주시도록 간구합니다.
4. 잠들 수 없는 사람들과 악몽에 시달리는 사람들을 위해 기도합니다.

37일

동경
Sehnsucht

　고난을 당할 때 사람들은 하나님께 나아가서 도움을 간청하고, 행복과 빵을 구하며, 질병과 죄, 죽음에서 구원해 달라고 간구합니다. 그리스도인이나 이방인이나 모두 그렇게 합니다. 사람들은 고난당하시는 하나님께 나아가서 집도 빵도 없이 가난하고 멸시 받는 그분을 발견하고, 죄와 연약함, 죽음에 삼키운 그분을 봅니다. 그리스도인은 고통당하는 그분 곁에 머뭅니다. 하나님은 고난 속에 있는 모든 사람을 찾아가셔서 그분의 빵으로 육체와 영혼을 배불리 먹이시고, 그리스도인과 이방인을 위해 십자가 죽음을 당하십니다. 그리고 그들 모두를 용서하십니다.

『저항과 복종』, DBW 8, 515 이하

"예수께서 이르시되 나는 생명의 떡이니 내게 오는 자는 결코 주리지 아니할 터이요 나를 믿는 자는 영원히 목마르지 아니하리라 그러나 내가 너희에게 이르기를 너희는 나를 보고도 믿지 아니하는도다 하였느니라 아버지께서 내게 주시는 자는 다 내게로 올 것이요 내게 오는 자는 내가 결코 내쫓지 아니하리라 (...) 내 아버지의 뜻은 아들을 보고 믿는 자마다 영생을 얻는 이것이니 마지막 날에 내가 이를 다시 살리리라 하시니라"

(요 6:35-37, 40)

본회퍼의 시 "그리스도인과 이방인"은 세 가지 움직임을 묘사하고 있습니다. 즉, 인간이 자기 자신의 관심사를 들고 하나님께 나아가는 것, 인간이 그들의 관심사로 인해 하나님께 나아가는 것, 하나님이 모든 인간에게 오시는 것에 관한 묘사가 그것입니다. 이러한 삼화음의 움직임은 점층법으로 묘사되어 있습니다. 곤경에 처한 사람들이 하나님의 임재를 구하는 것은 보편적으로 이해할 수 있는 종교적 행위입니다. 그러나 인간이 하나님의 고난당하심을 인지하고, 예수 그리스도의 십자가로 시선을 옮기는 것은 주목할 만합니다.

그러나 참된 기적은 모든 인간을 향하신 하나님의 움직임입니다. 그것은 하나님을 향한 인간의 모든 종교적인 추구로 말미암은 움직임을 능가하고 있습니다. 이러한 세 가지 움직임은 갈망에서 나옵니다. 계몽과 진보에 대한 믿음에도 불구하고, 심지어 이방인들조차 곤경에 처하면 간절하게 하나님을 찾는다는 것이 본회퍼의 생각임에 분명합니다. 그러나 본회퍼는 여기에 머물러 있지 않습니다. 왜냐하면 그는 "한계상황에서가 아닌 삶의 한복판에서, 연약함 속에서가 아닌 능력 안에서, 죽음과 죄 가운데서가 아닌 인간의 생명과 선 안에서 하나님에 관해 말하고자 하기 때문입니다"(DBW 8, 407 이하). 하나님을 향한 갈망은 삶의 한복판에서 이루어지는 것입니다. 만약 누군가 자신의 곤경때문이 아니라, 하나님의 관심사로 인해 마음을 움직인다면 그렇습니다. 하나님은 예수 그리스도 안에서 세상의 곤궁과 그분 자신을 동일시하기 때문입니다. 그리고 그분을 따르는 사람들이 그분의 구원 사역에 민감하게 동참하길 원하시기 때문입니다. 그래서 예수님은 이렇게 말씀하십니다. "너희가 여기 내 형제 중에 지극히 작은 자 하나에게 한 것이 곧 내게 한 것이니라"(마 25:40b). 하나님은 가난한 자들과 집 없는 자들과 함께 고난을 받으십니다. 그렇습니다. 그분 자신이 인간이 되심으로써 가난해지셨고, 정해진 거처 없이 사셨습니다. 이것이 하나님의 크나큰 동경이며, 세 번째 결정적인 움직임입니다. 하나님은 그분 자신에게 머물러 계시지 않고, 우리 인간에게로 향하십니다. "생명의 떡"이신 예수님 안에서 하나님은 그분 자신을 내어 주십니다. 그리하여 모든 사람들이 생명의 떡을 먹고 배부르게 하십니다. 하나님은 기꺼이 용서할 준비가 되어 있으며, 예수님을 통해 화목하기를 원하는 모든 사람에게 이러한 용서를 베푸십니다. 이러한 용서는 외관상 "종교적이고 기독교적"인 삶을 살았는지와는 전혀 무관합니다. 하나님의 용서하려는 의지는 우주적인 것입니다. 그분의 구원의 길은 예수 그리스도의 삶과 죽음, 부활하심의 중심에 자리하고 있습니다.

- 질문

1. 오늘날 인간은 그들의 곤경을 어떻게 다루고 있습니까? 여전히 하나님께로 나아가고 있습니까?
2. 어떤 점에서 하나님의 관심사는 나의 관심사가 될 수 있습니까?
3. 하나님이 모든 인간의 곤경과 그분 자신을 동일시한다는 것은 무엇을 의미할까요?

- 감사와 기도

1. 하나님께서 우리 마음 속에 하나님을 찾고자 하는 동경을 주신 것을 감사합니다.
2. 하나님께서 우리의 몸과 영혼을 풍성하게 채우시고 구원하시기 위해, 예수님 안에서 모든 인간에게 오신 것을 감사합니다.
3. 저 자신이 하나님의 구원 사역이 필요한 존재임을 인식할 수 있기를 기도합니다.
4. 사람들이 하나님의 동경과 희생을 깨달아 알게 하시고, 하나님께 돌아오기를 기도합니다.

38일

염려
Sorgen

염려하지 마십시오! 재물은 사람의 마음에 안전과 평화를 가져다 주는 듯 보이지만, 실상은 재물로 인해 염려가 생겨나는 것입니다. 재물에 집착하는 마음은 재물과 함께 숨 막히는 염려의 짐을 떠안고 살아가게 합니다. 염려는 재물을 모으도록 하며, 재물은 다시 염려를 만들어 냅니다. 우리는 재물을 통해 삶의 안전망을 구축하려 하고, 근심을 통해 근심없이 살려고 합니다. 그러나 실상은 정반대의 결과로 나타납니다. 우리로 하여금 재물에 매이게 하고, 재물을 붙들고 살도록 하는 사슬이 바로 근심입니다. 내일을 보장하기 위해 재물을 사용하려는 것은 재물에 대한 오용입니다. 염려는 항상 내일에 초점이 맞추어져 있습니다. 그러나 재물은 엄밀한 의미에서 오직 오늘을 위해 있습니다. 내일을 보장하려는 마음이 오늘의 나를 불안하게 만듭니다. (…) 내일을 온전히 하나님 손에 맡기고, 오늘 하루의 삶에 필요한 것을 온전히 받는 사람만이 진실로 안전할 수 있습니다. 일용할 양식을 받는 사람만이 내일의 염려에서 자유로울 수 있습니다. 내일에 대한 생각은 나를 끝없는 염려에 내어 줍니다. (…) 제자들이 염려 없이 살 수 있게 하는 것은 염려가 아니라, 예수 그리스도에 대한 믿음입니다. 이제 예수님의 제자가 알게 되는 것은, 우리는 전혀 염려할 필요가 없다는 사실입니다. 내일이나 나중은 우리에게 속해 있는 것이 아니기 때문입니다. 마치 우리가 염려를 할 수 있는 존재인 것처럼 처신하는 것은 무의미합니다. 우리는 세상 형편을 조금도 바꿀 수 없습니다. 세상을 통치하는 분은 하나님이기에, 염려는 오직 하나님의 몫입니다. 염려는 우리의 몫이 아니며, 우리는 완전히 무력할 뿐입니다. 그러므로 우리는 염려해서는 안 됩니다. 만약 우리가 염려한다면, 우리는 하나님의 통치권이 마치 우리에게 속한 영역이라도 되는 듯 가로채는 것입니다. (…) 염려나 노동이 아니라, 하나님 아버지께서 일용할 양식을 공급해 주십니다.

『나를 따르라』, DBW 4, 171 이하

_____

_____

_____

_____

"그러므로 내가 너희에게 이르노니 목숨을 위하여 무엇을 먹을까 무엇을 마실까 몸을 위하여 무엇을 입을까 염려하지 말라 목숨이 음식보다 중하지 아니하며 몸이 의복보다 중하지 아니하냐 (...) 너희 하늘 아버지께서 이 모든 것이 너희에게 있어야 할 줄을 아시느니라 그런즉 너희는 먼저 그의 나라와 그의 의를 구하라 그리하면 이 모든 것을 너희에게 더하시리라 그러므로 내일 일을 위하여 염려하지 말라 내일 일은 내일이 염려할 것이요 한 날의 괴로움은 그 날로 족하니라"

(마 6:25, 32b-34)

본회퍼는 그의 생애 마지막 몇 년 동안, 미래가 불확실한 방랑 생활을 하며 보냈습니다. 1937년 가을 게슈타포는 핑켄발데 설교자 학교를 폐쇄했고, 본회퍼는 힌터포메른에서 목사 후보생을 가르치는 일을 계속했습니다. 이때부터 그는 정해진 거주지나 일자리 없이 떠돌이 생활을 하였습니다. 1940년부터 1943년 체포되는 순간까지 그는 끊임없이 여행하며 이동하였습니다. 오직 부모님이 계신 베를린 본가만이 일정한 주요 거점이 되어 주었습니다. 1940년 8월부터 그가 영향력을 미칠 수 있는 범위는 점점 더 제한되었습니다. 본회퍼는 공개적인 발언이 금지되었고, 정기적으로 경찰에 출두해야 했으며, 최종적으로 출판이 금지되었습니다.

그럼에도 불구하고 본회퍼는 염려가 자신을 갉아먹도록 방치하지 않았습니다. 1935년부터 1937년에 걸쳐 본회퍼는『나를 따르라』를 저술했는데, 그는 이 책에 썼던 염려에 대한 내용을 수없이 떠올렸을 것입니다. 수감 생활을 하는 동안 그가 쓴 편지에 가장 자주 등장하는 주제가 염려인 것은 우연이 아닐 것입니다. 본회퍼는 편지의 수취인에게 그에 대한 염려를 하지 말라고 애원하듯 간청하고 있습니다. 1943년 8월, 본회퍼는 부모님께 이런 편지를 썼습니다. "무엇보다도 저를 위해서는 가능하면 아무 걱정도 하지 말아 주시길 부탁드립니다. 저는 모든 것을 잘 견디고 있으며, 제 내면은 아주 평온합니다."(DBW 8, 134) 그러나 본회퍼는 이러한 고백을 항상 기도해 달라는 요청과 함께, 고난 속에서도 함께 하시는 하나님의 인도하심에 대한 확신과 연결시키고 있습니다. 그의 자세는 파울 게르하르트의 "네 길을 주님께 맡기라"(EG 361)는 찬양곡 가사와 일맥상통한 것으로 볼 수 있습니다. 본회퍼는 평생이 찬양을 매우 높이 평가하였고, 그의 수감 시기에도 예외가 아니었습니다. 모든 염려와 곤경은 하나님 안에서 확실한 수취인을 발견할 수 있습니다. 우리가 곤경에 처하더라도, 우리는 하나님의 인도하심을 확신할 수 있습니다.

• 질문

1. 어떤 물질적인 가치관과 재물이 나를 염려에 빠뜨리고 있습니까? 어떻게 하면 그러한 염려에서 벗어날 수 있을까요? 물질적인 가치관과 재물이 나를 옭아매지 못하게 하려면, 나는 무엇에 주의해야 할까요?
2. 나를 병들게 하는 염려와 책임감 있게 돌보며 준비하는 태도 사이에는 어떤 차이가 있을까요?
3. 예수님을 따르도록 하기 위해, 오늘 하나님은 나를 어떤 모험으로 초청하고 계실까요?

• 감사와 기도

1. 나를 위한, 그리고 모든 사람들을 위한 하나님의 총체적인 돌보심을 감사합니다.
2. 나를 괴롭히는 염려로부터 벗어날 수 있기를, 또 그러한 염려를 놓아 버릴 수 있기를 기도합니다.
3. 내가 가야 할 새로운 길이 불확실하더라도 하나님의 인도하심에 온전히 맡기고 따를 수 있기를 기도합니다.

39일

이별
Abschied

갔구나, 너 사랑하는 행복과 사랑하기 힘든 고통이여!
너를 어떻게 부를까? 곤궁, 삶, 행복,
나의 일부, 내 마음, 과거?
문이 철컥 닫히고,
나는 너의 발걸음이 천천히 멀어져 가다가,
서서히 사라지는 소리를 듣는다.
내게 남은 것은 무엇인가? 기쁨, 고통, 갈망?
내가 아는 것은 이것뿐,
너는 갔고, 모든 것은 지나가 버렸다는 것. (…)
태양이 어둠 속으로 이동할 때보다
바다 너머에서 점점 더 빨리 지듯이
네 모습도 과거의 바다 속으로 지체하지 않고
가라앉고 가라앉고 가라앉더니
몇 차례의 파도 속에 묻혀 버리는구나. (…)
나는 손을 뻗어 기도한다.
그리고 새로운 것을 경험한다.
흘러간 과거는 감사와 참회를 통해

네 삶의 가장 생생한 부분으로 되돌아온다는 것을.

흘러간 과거 속에서 하나님의 용서와 선하심을 알고,

하나님이 너를 오늘도 내일도 지켜 주시기를 기도한다.

『저항과 복종』, DBW 8, 468-471

_____

_____

_____

_____

"내가 너희를 고아와 같이 버려두지 아니하고 너희에게로 오리라 조금 있으면 세상은 다시 나를 보지 못할 것이로되 너희는 나를 보리니 이는 내가 살아 있고 너희도 살아 있겠음이라"

(요 14:18, 19)

테겔 형무소에서 생의 마지막 나날을 보내던 본회퍼는 1944년 여름부터 다시 시를 쓰기 시작했습니다. 그것은 청소년기 이후 처음이었습니다. 에버하르트 베트게는 이러한 본회퍼의 문학 작업이 그의 고독을 이겨내려는 시도라고 보았습니다. 여기에 나오는 '과거'는 이때 쓴 시들 중에서도 초기 작품에 속합니다.

본회퍼가 그의 약혼녀에게 보낸 편지에는 이런 글이 있습니다. "이 시는 당신을 위해, 오직 당신을 위해 썼습니다. 당신을 지나치게 놀라게 할 수 있으리라는 사실이 두려워서, 이 시를 보내기를 망설였습니다. 그러나 전혀 놀랄 필요가 없습니다. 이 시에 숨겨진 내용이 무엇인지 알게 된다면, 전혀 놀라지 않을 것입니다."vi) 물론 최종적인 이별과 놓아 주기 힘든 마음의 고통, 갈갈이 찢겨진 불안한 마음이 시의 대부분에 투영되어 나타나고 있습니다. 본회퍼가 여기서 노골적이고 드라마틱한 언어로 시를 썼기 때문에, 이 시는 절망적인 분위기를 자아냅니다. 그러나 본회퍼는 새로운 것을 향한 희망을 알고 있었습니다. 과거를 감사와 참회로 마주하는 사람은 현실을 인식하고 다룰 줄 압니다. 그리고 그런 사람에게는 자연스럽게 미래도 열리는 법입니다. 하나님의 용서와 은혜로 사는 사람은 과거에 매달려 있지 않습니다. 그는 앞을 향해 손을 뻗고, 오늘과 내일도 하나님의 보호하심에 맡기고 기도할 수 있습니다.

어쩌면 본회퍼가 옥중에서 썼던 글은 이전의『나를 따르라』나『성도의 공동생활』과는 다른 심각한 언어로 말하고 있는지도 모릅니다. 그러나 본회퍼는 그의 근본 신념과 용기를 북돋우는 특색을 결코 포기하지 않았습니다. 1944년 4월 본회퍼는 에버하르트 베트게에게 이런 편지를 썼습니다. "이상하게 들릴 수도 있지만, 나의 삶은 온전히 직선으로 이어져 왔으며, 중단없이 진행되었다는 인상이 드네. 무엇보다도 삶의 외적인 인도하심에서 그렇다네."(DBW 8, 391) 본회퍼의 삶은 1945년 4월 9일 교수형으로 막을 내렸습니다. 수감 생활 중에 쓴 그의 편지와 시들은 해석하는 데 어려움이 있습니다. 그의 삶에서 많은 부분이 단지 단편으로만 남아 있기 때문입니다. 그러나 하나님의 인도하심에 대한 신뢰와 예수 그리스도 안에서 하나님의 인간되심이라는 중심 의미, 하나님의 선하신 창조로서의 세상에 대한 '긍정[Ja]'은 본회퍼 저서의 중심 사상입니다. 그리고 우리는 오늘날에도 그의 저서를 통해서 많은 것을 얻고 배울 수 있습니다.

• 질문

1. 행복과 고통의 순간은 내게 얼마나 강렬한 인상을 줍니까? 그 순간 나의 내면은 딱딱하게 굳어 버립니까? 아니면 본회퍼가 말하는 감정을 이해할 수 있습니까?
2. 과거의 좋은 경험이나 나쁜 경험이 나를 꽉 붙잡고 놓아 주지 않습니까? 과거의 일을 다룰 때, 무엇이 내게 도움이 되어 줍니까? 무엇이 새로 일어나게 될 일에 대해 용기와 힘이 되어 줍니까?
3. 나는 과거를 놓아 줄 수 있습니까? 나 자신의 죽음에 대해서 어떤 생각을 하고 있습니까? 손을 뻗어 새로운 것을 잡을 수 있도록 희망을 주는 것은 무엇입니까?
4. 나의 삶을 관통하는 '플롯'을 이해할 수 있습니까? 나는 삶의 마지막 순간이 다가왔을 때, 살아온 지난 날들을 감사하면서 회상할 수 있을까요?

• 감사와 기도

1. 제가 하나님의 사랑을 받는 존재라는 사실에 대해서, 또 살아 있음을 상기시켜 주는 행복과 고통의 강렬한 경험에 대해서 감사합니다.
2. 나를 과거에 매이게 하며, 손을 뻗어 새로운 것을 잡지 못하도록 방해하는 것들을 과감하게 놓아 줄 수 있기를 기도합니다.
3. 좋은 것에 대해 감사하는 자세와 정직한 참회, 잘못된 길에서 돌이킬 수 있는 용기를 주시도록 기도합니다.

40일
보호
Geborgenheit

신실하고 선한 힘에 고요히 둘러싸여
놀라운 보호와 위로를 맛보며
오늘도 나는 그대들과 함께 살며
그대들과 함께 새해를 맞으렵니다.

지나간 날들이 우리 마음을 괴롭히며
악한 날들이 무거운 짐 되어 누를지라도
주여, 간절하게 구하는 영혼에게
이미 예비하신 구원을 주소서.

쓰디 쓴 무거운 고난의 잔을
넘치도록 채워서 주실지라도
당신의 선하신 사랑의 손에서
감사함으로 그 잔을 받으렵니다.
그러나 이 세상의 기쁨, 찬란한 태양을
바라보는 기쁨이 다시 한 번 주어진다면
지나간 날들을 기억하며

우리 삶을 당신 손에 온전히 드리렵니다.

우리의 어둠 속으로 가져오신 촛불이
오늘도 밝고 따스하게 타오르게 하시며
우리로 다시 하나 되게 하소서.
당신의 빛은 밤에도 빛나고 있음을 압니다.

우리 가운데 깊은 고요가 임하며
보이지 않는 세계가 우리 주위로 확장되어 갈 때
모든 주님의 자녀들이 목소리 높여
찬양하는 소리를 우리로 듣게 하소서.

선한 권능에 의해 놀라운 평안을 누리며
낮이나 밤이나 우리와 함께하시는 하나님은
다가올 모든 날에도 변함이 없으시니
무슨 일이 닥쳐오든 두려움 없이 맞으렵니다.

『저항과 복종』, DBW 8, 607 이하

"네가 말하기를 여호와는 나의 피난처시라 하고 지존자를 너의 거처로 삼았으므로 화가 네게 미치지 못하며 재앙이 네 장막에 가까이 오지 못하리니 그가 너를 위하여 그의 천사들을 명령하사 네 모든 길에서 너를 지키게 하심이라 그들이 그들의 손으로 너를 붙들어 발이 돌에 부딪히지 아니하게 하리로다"

(시 91:9-12)

'선한 권능에 의해'(1944년 12월)는 아마도 본회퍼의 시 중에서 가장 널리 알려져 있을 것입니다. 교회 찬송가에도 들어 있고, 그와 동시에 우리에게 남겨진 본회퍼의 마지막 신학적 증거이기도 합니다. 1944년 12월 19일 마리아 폰 베데마이어에게 쓴 편지는 이 시를 해석하는 데 큰 도움을 줍니다. 그 편지에서 본회퍼는 이렇게 썼습니다. "눈으로 볼 수 없지만, 믿음의 눈으로 확신하며 살게 되는 보이지 않는 더 넓은 세계가 있습니다. 옛 동요는 천사들에 관해서 '둘은 나를 덮어 주고, 둘은 나를 깨워 주며'라고 노래합니다. 이와 같이 보이지 않는 주님의 선하신 권능의 손이 아침에나 저녁에나 우리를 지켜 주십니다. 오늘날 우리 어른들은 어린아이들 이상으로 선하신 권능의 보호하심을 필요로 하니까요."[vii]

본회퍼는 이 시를 가족에게 보냈습니다. 말하자면, 첫째 연의 '나'는 본회퍼 자신과 동일시할 수 있을 것입니다. 그는 공간적으로 사랑하는 사람들과 떨어져 있지만, 영으로는 그들과 연합되어 있습니다. 선한 권능의 보호와 위로 속에서 함께 하는 까닭입니다. 그는 마음의 짐과 곤궁을 애써 감추려 하지 않았지만, 힘든 경험들 속에서 오히려 하나님의 선하신 인도하심을 확신했습니다.

우선 본회퍼는 '선한 권능'에 관해 말하고 있습니다. 이것은 마지막 연에 나오는 '하나님'을 목표로 하고 있음을 알 수 있습니다. 수많은 사람들이 강렬한 실존적 특색에 근거하여, 자신의 곤경과 고통의 경험을 어렵지 않게 이 시와 연결시킬 수 있습니다. '선한 권능에 의해'는 오늘을 사는 우리에게도 하나님께 나아가는 길을 알려주는 명작입니다. 하나님은 인격적으로 우리를 향하시며, 우리는 그분을 구체적으로 체험할 수 있습니다.

• 질문

1. 본회퍼가 말하는 "선한 권능"은 무엇을 의미할까요? 천사를 의미하는 것이라고 볼 수도 있을까요? 오늘날 일반적인 종교 영역에서 종종 일어나고 있는 것처럼, 천사들이 살아 계신 하나님으로부터 분리될 수 있을까요?

2. 본회퍼가 그랬듯, 구체적으로 그분의 자녀들에게 구원과 보호, 빛을 선사하시는 성경의 하나님과 "선한 권능"을 동일시할 준비가 되어 있습니까?

• 감사와 기도

1. 천국과 보이지 않는 권능이 우리 주변을 둘러싸고 있음을 감사합니다.

2. 비록 힘든 시간을 통과해야 할지라도, 그때도 하나님께서 인도하고 계심을 감사합니다. 그리고 하나님이 선사해 주시는 기쁨으로 인해 감사합니다.

3. 안식이 없는 모든 사람들에게 하나님께서 보호와 안식을 주시길 기도합니다.

4. 하나님을 단지 일반적이고 종교적으로 생각하는 사고에서 벗어나, "모든 새로운 날에 확실히" 인격적으로 우리를 돌보시는 분이라는 사실을 분명히 알고 인식하기를 기도합니다.

주석

i) 마틴 루터 Luther, Martin: Einweihnung eines neuen Hauses zum Predigtamt des göttlichen Wortes, erbaut im kurfürstlichen Schloss zu Torgau, in: Deusch-Deutsch-Studienausgabe, Band 2-Wort und Sakrament, hg. v. Dietrich Korsch u. Johannes Schilling, Leipzig 2015, S.851-891, hier: S. 855.

ii) 에릭 메타사스 Metaxas, Eric: Bonhoeffer. Pastor, Agent, Märtyrer und Prophet, Holzgerlingen 2011, S.555. (한국어판, 『디트리히 본회퍼, 20세기가 남긴 기독교 최고의 유산, 본회퍼의 삶과 신앙과 신학』, 김순현 옮김, 포이에마 출판사, 옮긴이 주)

iii) 마틴 루터 Luther, Martin: Von der Freiheit eines Christenmenschen, in Deutsch-Deutsche-Studien-ausgabe, Band I-Glaube und Leben, hg.v. Dietrich Korsch, Leibzig 2012, S.277-315, hier: S. 315.

iv) Ruth-Alice von Bismarck/Ulich Kabitz(Hg.):Braut-Briefe Zelle 92. Dietrich Bonhoeffer-Maria von Wede-meyer 1943-1945, München 2006. S. 38.
(한국어판,『옥중연서』, 디트리히 본회퍼와 약혼녀 마리아의 편지, 정현숙 옮김, 복 있는 사람 출판사, 옮긴이 주).

v) 상동, S. 125.

vi) 상동, S. 195.

vii) 상동, S. 208.

서문

1 서문을 쓰신 페터 침머링 교수는 브룬넨 출판사를 통해 본회퍼의 저서를 단행본으로 새롭게 편집하여 출간한 분이다. 라이프치히 대학교 신학부 교수. 옮긴이.

4일

1 칼 바르트(1886.5.10-1968.16.10)는 스위스 개혁 교회 목사이며, 20세기를 대표하는 신학자이다. 예수님을 도덕적인 모범자로 이해하는 자유주의 신학에 맞서, 그리스도인이 헌신적으로 복종해야 하는 하나님의 말씀이 인간이 되신 예수 그리스도를 강조하였다. 옮긴이.

2 마틴 니묄러(1892.1.14-1984.3.6)는 독일 루터교 목사이자 신학자였고, 반공주의자로서 처음에는 히틀러의 등장을 지지했다. 그러나 히틀러가 국가의 우월성을 종교처럼 주장하자, 히틀러에 저항하는 성직자들의 대표로 활동했다. 결국 강제수용소에 수감되었고, 연합군에 의해 풀려난 후에는 세계2차대전 이후 독일 국민의 참회와 화해를 위해 힘썼다. 옮긴이.

7일

1 진젠도르프 백작(1700.5.26-1760.5.9) 은 신앙의 자유를 찾아 그의

영지로 들어온 모라비안 형제단을 받아들여, '헤른후트 형제단'을 설립한다. 처음에는 다음날 하루를 위한 성구를 나누어 주던 것이, 1731년 '로중'이라는 이름의 소책자로 출간되었다. 신약과 구약에서 각각한 구절을 뽑아서 만든 로중은 그 이후 전쟁이나 사회적 변혁, 혼란의 와중에도 매년 인쇄되었으며, 지금까지 교파를 초월하여 그리스도인들의 일용할 양식으로 널리 사랑받고 있다. 옮긴이.

9일

1 에버하르트 베트게, 『디트리히 본회퍼, 신학자-그리스도인-동시대인』, 2014, 복 있는 사람 출판사, 친구이자 제자였던 베트게는 1000 페이지가 넘는 방대한 분량의 본회퍼 전기를 썼다. 옮긴이.

19일

1 히틀러의 집권기였던 1933년에 아리아인이라는 용어는 입법을 비롯하여 나치 독일의 다양한 공공 생활 영역에서 사용되었다. 유대인 시민의 권리를 배앗는 첫번째 주요 법률은 "전문 공무원 회복을 위한 법"(Law for the Restoration of the Professional Civil Service)이었다. 1933년 4월 7일에 제정된 공무원법에는 "아리아인 법조문"(Arierparagraph)이라는 조항이 포함되었다. 이것은 조직, 직업 및 기타 공공 생활에서 유대인과 비아리아인을 배제하기 위해 사용된 최초의 법 조항이었다. 법에는 "아리아인 출신이 아닌 공무원은 은퇴해야 한다"고 명시되었다. 민간 단체나 종교 단체를 비롯한 다른 단체들도 아리아인 회원 조항을 도입했다. 옮긴이.

24일

1 클라우스 폰 슈타우펜베르크^{Claus von Stauffenberg} (1907.11.15-1944.7.21)
대령은 프로이센의 명문 귀족 출신으로, 문학가를 지망하였으나 가
문의 전통을 따라 사관학교에 진학하여 수석으로 졸업하였다. 1944
년 7월 20일 총통 지휘소에서 시한 폭탄으로 히틀러 암살을 시도하
였으나, 실패한 후 즉결 처형되었다. 사건 직후 가담자에 대한 대대
적 수사가 진행되어, 7000여명이 체포되었고, 4980명이 처형당했
다. 옮긴이.

29일

1 "지금 이 순간을 살아라. 오늘을 즐겨라"라는 의미를 가진 라틴어
로 BC. 23년 경에 생겨난 노래. 옮긴이.

30일

1 Gnostik 영지주의. 그리스어 '그노시스'는 '지식'이라는 뜻임. 1, 2
세기 헬레니즘 시대에 로마 그리스 소아시아 이집트 등지에 널리 퍼
져 있던 기독교 이단사상. 구원을 위해서는 인간의 영혼을 가둔 감옥
인 육체와 지상 세계, 윤회의 세 가지 감옥에서 해방시키는 영적인 지
식을 가져야 한다고 생각함. 옮긴이.

원문 출처

이 책의 저자는 브룬넨 출판사가 단행본으로 간행한 본회퍼의 주요 저서와 함께 귀터스로허 출판사^Gütersloher Verlagshaus의 디트리히 본회퍼 전집을 참고하고 있다. DBW는 Dietrich Bonhoeffer Werke의 약자이며, 귀터스로허 출판사는 방대한 자료를 모아서 총 16권의 디트리히 본회퍼 전집을 간행하였다.

디트리히 본회퍼와 함께 하는 40일 묵상집

2022년 12월 13일 초판 1쇄

지은이 산드로 괴페르트
옮긴이 정현숙
펴낸이 정지련
펴낸곳 도서출판 쿰

등록 2021년 3월 10일 제 502-97-45196호
주소 경기도 고양시 일산서구 강선로 9 1901동 903호
전화 031-911-6672
이메일 jilyunch@hanmail.net

값 13,000원